ALBERT BLECKMANN

Probleme der Anwendung multilateraler Verträge

Schriften zum Völkerrecht

Band 33

Probleme der Anwendung multilateraler Verträge

Gegenseitigkeit und Anwendbarkeit hinsichtlich der Vertragspartner

Von

Prof. Dr. Dr. Albert Bleckmann

DUNCKER & HUMBLOT / BERLIN

Alle Rechte vorbehalten
© 1974 Duncker & Humblot, Berlin 41
Gedruckt 1974 bei Buchdruckerei Bruno Luck, Berlin 65
Printed in Germany
ISBN 3 428 03110 5

Inhaltsverzeichnis

I. Die Zuordnungskriterien in den einzelnen Vertragsmaterien 11

  1. Vertragsklauseln, die sich auf „Staatselemente" beziehen 11
     a) Immunitäten und Privilegien der Staatshäupter, Diplomaten, Konsuln usw. 11
     b) Anerkennung und Vollstreckung von Hoheitsakten 11
     c) Schutz der Hoheitszeichen 13
     d) Währungsabkommen 13
     e) Staatsangehörigkeitsregelungen 14
     f) Wehrpflichtregelungen 15
     g) Rechtshilfe 15
     h) Kompetenzfragen 16

  2. Niederlassungsrechte 20

  3. Warenexport, -import und -transit 20

  4. Verkehrsmittel 23
     a) Schiffe 23
     b) Luftfahrzeuge 26

  5. Gewerblicher Rechtsschutz 27

  6. Sozialversicherung 28

  7. Rechtsvereinheitlichung 28
     a) Vereinheitlichung des IPR 28
     b) Vereinheitlichung des materiellen Rechts 38

II. Formen und Auswahlgesichtspunkte der Festlegung von Zuordnungskriterien 41

  1. Die Form der Festlegung von Zuordnungskriterien 41
     a) Festlegung in einzelnen Vertragsbestimmungen 41
     b) Festlegung in einer Generalklausel 42
     c) Klauseln, die bestimmte Zuordnungskriterien ausschließen 45
     d) Klauseln, welche die Pflicht zur Anwendung des Vertrages bei bestimmten Zuordnungen ausschließen 46
     e) Klauseln, welche den Staaten gestatten, die Vertragsanwendung bei bestimmten Zuordnungen auszuschließen 46

2. Verträge ohne Gegenseitigkeit 47
   a) Ausdrücklicher Ausschluß der Gegenseitigkeit 47
   b) Ausschluß der Gegenseitigkeit bei Menschenrechtsabkommen 48
3. Zur Auswahl und Struktur der Zuordnungskriterien 50
   a) a priori-Festsetzung von Zuordnungskriterien 50
   b) Gründe für die Auswahl von Zuordnungskriterien 53
   c) Zur Kumulation von Zuordnungskriterien 55

III. Theoretische Einordnung der Problematik 57
1. Die Lehre von der Gegenseitigkeit 57
2. Die Lehre vom Vertrag zu Gunsten und zu Lasten Dritter 59
3. Die Lehre vom Anwendungsbereich 61
4. Bestimmen die Zuordnungskriterien die Vertragspartner, mit denen völkerrechtliche Rechtsverhältnisse entstehen? 66
   a) Die Lehre von den völkerrechtlichen Rechtsverhältnissen im Rahmen der Lehre vom völkerrechtlichen Schadensersatzanspruch 67
   b) Die Lehre von den völkerrechtlichen Rechtsverhältnissen im Rahmen des diplomatischen Anspruchs 70
   c) Die Bestimmung der völkerrechtlichen Rechtsverhältnisse bei aus den Verträgen selbst fließenden Rechten und Pflichten 73
   d) Generelle Lösung der Problematik 73
5. Die Anwendungsproblematik im Bereich des Landesrechts 78
   a) Transformation der Rechtssätze, welche den Anwendungsbereich hinsichtlich der Vertragspartner bestimmen 78
   b) Gegenseitigkeitsproblematik und Vorschaltlösung bei den Rechtsvereinheitlichungsverträgen 79

IV. Abweichung der Zuordnungskriterien in verschiedenen Rechtsakten über dieselbe Materie 93
1. Abweichung der Zuordnungskriterien in den Verträgen und in den hierauf bezogenen Vorbehalten 93
2. Abweichung der Zuordnungskriterien in miteinander konkurrierenden Verträgen 100
3. Abweichung der Zuordnungskriterien in Verträgen und in nationalen Gesetzen 103
4. Abweichung der Zuordnungskriterien in Meistbegünstigungsklauseln und in Verträgen mit Drittstaaten 104

Abkürzungsverzeichnis

AA	=	Verträge der Bundesrepublik Deutschland, herausgegeben vom Auswärtigen Amt
aaO.	=	am angeführten Ort
Abs.	=	Absatz
AJIL	=	American Journal of International Law
Anm.	=	Anmerkung
Art.	=	Artikel
BayObLG	=	Bayerisches Oberstes Landesgericht
BayObLGZ	=	Entscheidungen des Bayerischen Obersten Landesgerichts in Zivilsachen
Bd.	=	Band
BGBl.	=	Bundesgesetzblatt
BG	=	Bundesgericht
BGE	=	Entscheidungen des Schweizerischen Bundesgerichts
BGH	=	Bundesgerichtshof
BGHSt	=	Entscheidungen des Bundesgerichtshofs in Strafsachen
BGHZ	=	Entscheidungen des Bundesgerichtshofs in Zivilsachen
BPatG	=	Bundespatentgericht
BPatGE	=	Entscheidungen des Bundespatentgerichts
BSG	=	Bundessozialgericht
BSGE	=	Entscheidungen des Bundessozialgerichts
Clunet	=	Journal du droit international
Conf. de la Haye	=	Conférence de la Haye de droit international privé
C.P.J.I.	=	Cour Permanente de Justice Internationale
Doc.	=	Documents
f.	=	folgende
FamRZ	=	Zeitschrift für das gesamte Familienrecht
GATT	=	General Agreement on Tariffs and Trade
GRUR Int.	=	Gewerblicher Rechtsschutz und Urheberrecht, Internationaler Teil

Hans.OLG	=	Hanseatisches Oberlandesgericht
ILO	=	International Labour Organization
int.	=	international
IPR-Rspr.	=	Deutsche Rechtsprechung des Internationalen Privatrechts
JW	=	Juristische Wochenschrift
KG	=	Kammergericht
LG	=	Landgericht
Lit.	=	Literatur
LNTS	=	League of Nations Treaties Series
NJW	=	Neue Juristische Wochenschrift
no.	=	numéro
Nr.	=	Nummer
OLG	=	Oberlandesgericht
OLGZ	=	Entscheidungen der Oberlandesgerichte in Zivilsachen
p.	=	page
RabelsZ	=	Rabels Zeitschrift für Ausländisches und Internationales Privatrecht
Rev.crit.dr.int.pr.	=	Revue critique de droit international privé
Rev.dr.int.pr.	=	Revue de droit international privé
Riv.dir.int.	=	Rivista di diritto internazionale
RG	=	Reichsgericht
RGZ	=	Entscheidungen des Reichsgerichts in Zivilsachen
RGBl.	=	Reichsgesetzblatt
Rspr.	=	Rechtsprechung
S.	=	Seite
SchwJIR	=	Schweizerisches Jahrbuch für Internationales Recht
s. o.	=	siehe oben
StAZ	=	Das Standesamt
s. u.	=	siehe unten
t.	=	tôme
vgl.	=	vergleiche
vol.	=	volume
ZaöRV	=	Zeitschrift für ausländisches öffentliches Recht und Völkerrecht
zit.	=	zitierte (r, s)

Vorbemerkung

Der Anwendungsbereich völkerrechtlicher Verträge wirft zahlreiche Probleme auf. In einer etwas vergröbernden Einteilung unterscheidet die Lehre zwischen dem räumlichen, dem persönlichen, dem materiellen und dem zeitlichen Anwendungsbereich. Handelt es sich etwa um einen Handelsvertrag, stellt sich die Frage, ob dieses Abkommen nur auf das Mutterland oder auch auf die Überseegebiete, auf natürliche oder auch auf juristische Personen, auf Industrieprodukte oder auch auf landwirtschaftliche Erzeugnisse, ob es nur auf zukünftige oder auch auf zurückliegende Sachverhalte anwendbar ist. Diese traditionelle Einteilung übergeht einen wichtigen Aspekt des Anwendungsbereichs. Bei einer Durchsicht der nationalen Rechtsprechung finden sich zahlreiche Urteile, in denen untersucht wird, ob nicht nur der Anwendungsstaat, sondern auch bestimmte Drittstaaten an den betreffenden multilateralen Vertrag gebunden, Vertragspartner dieses Abkommens sind. In der Tat machen zahlreiche mehrseitige Abkommen ihre Anwendung von der Vertragspartnerschaft bestimmter anderer Staaten abhängig. So sind etwa Handelsverträge nur auf Waren oder Staatsangehörige der Mitgliedstaaten, Verträge über die Anerkennung und Vollstreckung von Urteilen nur auf die von Gerichten der Vertragspartner gefällten Entscheidungen anzuwenden. Die damit verbundene Problematik ist bisher noch nicht Gegenstand einer umfassenden Abhandlung geworden. Einzelne Hinweise auf diese Fragen finden sich in der Literatur zur Gegenseitigkeit und zu den Verträgen zu Gunsten und zu Lasten Dritter. Im Interesse größerer Klarheit soll deshalb im folgenden zunächst von der Gegenseitigkeit gesprochen werden. Wir werden allerdings später zeigen, daß diese theoretische Einordnung fraglich ist, es sich vielmehr bei unserem Problem um einen Sonderaspekt des Anwendungsbereichs, um den Anwendungsbereich „hinsichtlich der Vertragspartner" handelt.

Vorher soll jedoch noch eine andere Frage untersucht werden. Wir haben gesehen, daß Handelsverträge Niederlassungsrechte meist den Staatsangehörigen oder Gesellschaften, Einfuhrrechte meist den Waren der Mitgliedstaaten vorbehalten und daß Vollstreckungsabkommen nur auf Urteile von Vertragspartnern anwendbar sind. Mit anderen Worten setzt die Anwendung der betreffenden Verträge auf einen bestimmten Sachverhalt voraus, daß die betreffenden Waren, Personen oder Entscheidungen einem Vertragspartner zugeordnet werden können. Ähnlich verlangen etwa Rechtsvereinheitlichungsverträge, daß der Erblasser, der Vormund, das Kind usw. die Staatsangehörigkeit eines Mitgliedstaates besitzt oder seinen Wohn- oder Aufenthaltsort in einem Vertragsstaat hat. Wieder andere Abkommen stellen etwa auf den Ort der Registrierung der beteiligten Schiffe, Luft- oder Kraftfahrzeuge in einem Vertragsstaat ab. In all diesen Fällen handelt es sich also darum, den jeweiligen Sachverhalt durch eine bestimmte Anknüpfung dem Rechtsverhältnis mit anderen Vertragspartnern zuzuordnen. Die Problematik ähnelt insoweit etwas der des IPR. Wie dort von Anknüpfungspunkten, sprechen wir hier von Zuordnungskriterien.

Im ersten Kapitel sollen diese Zuordnungskriterien für die einzelnen Vertragskategorien untersucht werden. Das zweite Kapitel behandelt die Formen, in denen diese Zuordnungskriterien festgelegt werden, und die Gesichtspunkte, die bei der Auswahl dieser Kriterien eine Rolle spielen. Im dritten Kapitel wird das Verhältnis unseres Problems zu anderen Völkerrechtsproblemen, also die theoretische Einordnung untersucht. Das letzte Kapitel schließlich befaßt sich mit den Fragen, die auftreten, wenn die Zuordnungskriterien in verschiedenen Akten, etwa im Vertrag und in Vorbehalten oder in mehreren aufeinander folgenden Abkommen voneinander abweichen.

I. Die Zuordnungskriterien in den einzelnen Vertragsmaterien

1. Vertragsklauseln, die sich auf „Staatselemente" beziehen

Verträge, welche sich auf die Organe, Beamten, Kompetenzen, Akte, Hoheitszeichen oder auf die Währung eines anderen Staates beziehen, setzen fast immer die Gegenseitigkeit voraus. Diese Elemente stehen auf der anderen Seite immer in enger Verbindung mit einem bestimmten Staat. Die Frage, welcher andere Staat Vertragspartner sein muß, damit der Vertrag anwendbar wird, wirft deshalb selbst dann keine Probleme auf, wenn dieser Staat in dem Abkommen nicht ausdrücklich bestimmt wird. Allerdings wäre denkbar, daß neben diesem Staat noch andere Staaten — bei einem Vollstreckungsabkommen etwa der Staat, dessen Angehöriger die Vollstreckung begehrt — Vertragspartner sein müssen. Die Durchsicht der einschlägigen Verträge zeigt aber, daß eine solche Zweitanknüpfung höchst selten ist. Die Anknüpfung an die Staatselemente ist also bei diesen Sachverhalten so stark, daß sie andere Anknüpfungspunkte ausschließt.

a) *Immunitäten, Privilegien* für fremde Diplomaten, Konsuln, Missionen, Staatsoberhäupter usw. werden immer nur den Personen gewährt, die im Dienst eines Vertragsstaates stehen[1]. Auf die Staatsangehörigkeit dieser Personen oder ihrer Familienangehörigen kommt es ebensowenig an wie etwa auf die Anknüpfungspunkte des materiellen Rechtsverhältnisses, über das der Richter infolge der Immunität nicht entscheiden darf. Die Immunität wird so in der Regel auch zu Lasten des Klägers gewährt, der Angehöriger eines Nichtvertragsstaates ist.

b) Besonders deutlich wird die Gegenseitigkeit[2] auch bei Verträgen, welche die *Vollstreckung und Anerkennung fremder Staatsakte* regeln.

---

[1] Vgl. etwa die Art. 296 - 299, 333 des Code de droit international privé adopté à la Havane le 20 février 1928, Rev.dr.int.pr. XXIII (1928), 545. Die Wiener Übereinkommen vom 18. 4. 1961 über diplomatische Beziehungen (BGBl. 1964 II 957) und vom 24. 4. 1963 über konsularische Beziehungen (BGBl. 1969 II 1585) enthalten dagegen eine Gegenseitigkeitsklausel nicht; trotzdem scheinen sie Rechte nur Diplomaten und Konsuln eines Vertragspartners zu gewähren.

[2] Allerdings war beim Avant-Projet I du 15 octobre 1965 sur la reconnaissance des divorces et des séparations de corps acquis à l'étranger zunächst die Möglichkeit in Erwägung gezogen worden, die Vollstreckung von Urteilen vorzusehen, die nicht in Vertragsstaaten erlassen worden sind (Conf. de la Haye, Actes et Doc. 11e session, t. II, p. 13).

12 I. Die Zuordnungskriterien in den einzelnen Vertragsmaterien

Urteile[3], Zeugnisse[4], Urkunden[5], Genehmigungen[6] und andere Verwaltungsakte[7], Konkurserklärungen[8], Todeserklärungen[9], Zeichen[10] und Ausweise[11] werden nur anerkannt, wenn sie von Partnern des betreffen-

---

[3] Dies gilt für alle zwei- und mehrseitigen Verträge, ganz gleich ob diese nur die Urteilsvollstreckung oder eine bestimmte Materie einschließlich der Vollstreckung regeln. Auf *alle Zivilurteile* erstreckt sich etwa die Scandinavian Convention on Recognition and Enforcement of Foreign Judgements, LNTS 19, 139, 169; das Avant-Projet du 8 mars 1963 sur l'exécution des jugements, Conf. de la Haye, Actes et Doc. 11e session, t. I, p. 21; die Art. 394 ff., 423 ff. des Code de droit international privé, oben Anm. 1; auf *besondere Zivilurteile* das Übereinkommen über die Anerkennung und Vollstreckung von Entscheidungen auf dem Gebiet der Unterhaltspflicht gegenüber Kindern vom 15. 4. 1958 (BGBl. 1961 II 1006); das Avant-Projet I du 15 oct. 1965 sur la reconnaissance des divorces et des séparations de corps acquis à l'étranger, Conf. de la Haye, Actes et Doc. 11e session, t. II p. 13. Eine *Materie einschließlich der Vollstreckung umfassend* regeln etwa das Internationale Übereinkommen über den Eisenbahnfrachtverkehr (CIM) vom 25. 10. 1952 (BGBl. 1956 II 35), das Übereinkommen über die Geltendmachung von Unterhaltsansprüchen im Ausland (BGBl. 1959 II 151), das Europäische Übereinkommen über die internationale Handelsschiedsgerichtsbarkeit vom 21. 4. 1961 (BGBl. 1964 II 427) und das Avant-Projet de Convention sur la compétence du for contractuel en cas de vente à caractère international d'objets immobiliers corporels (Conf. de la Haye, 8e session, SchwJIR 1956 XIII, 224).

[4] Mehrseitiges Übereinkommen über die Lufttauglichkeitszeugnisse eingeführter Luftfahrzeuge vom 22. 4. 1960 (BGBl. 1962 II 24), Übereinkommen über die Gleichwertigkeit der Reifezeugnisse vom 11. 12. 1953 (BGBl. 1955 II 600); *Schiffsmeßbriefe:* Art. 7 des Übereinkommens über ein einheitliches Sysem der Schiffsvermessung vom 10. 6. 1947 (BGBl. 1957 II 1471); *Eichscheine:* Art. 1 des Übereinkommens über die Eichung der Binnenschiffe (RGBl. 1927 II 356); *Freibordzeugnisse:* Art. 15 des Internationalen Übereinkommens über den Freibord der Kauffahrtei-Schiffe vom 5. 7. 1930 (RGBl. 1933 II 708). Nach Regel 17 des Internationalen Übereinkommens 1960 zum Schutz des menschlichen Lebens auf See (BGBl. 1965 II 480) sind alle Zeugnisse anzuerkennen, die in Zusammenhang mit dem Abkommen stehen.

[5] In der Regel werden Urkunden der Vertragsstaaten anerkannt. Auf den Ort der Errichtung stellen dagegen ab Art. 1 Abs. 1 des Übereinkommens zur Befreiung ausländischer öffentlicher Urkunden von der Legalisation vom 5. 10. 1961 (BGBl. 1965 II 876) und Art. 14 des Abkommens vom 30. 6. 1958 über die gegenseitige Anerkennung und Vollstreckung von gerichtlichen Entscheidungen, Schiedssprüchen und öffentlichen Urkunden in Zivil- und Handelssachen (BGBl. 1959 II 765).

[6] Übereinkommen über die Annahme einheitlicher Bedingungen für die Genehmigung von Ausrüstungsgegenständen und Teilen von Kraftfahrzeugen und über die gegenseitige Anerkennung der Genehmigung vom 30. 6. 1958 (BGBl. 1965 II 858); Anerkennung von Zulassungsscheinen für Kraftfahrzeuge und der internationalen Führerscheine: Art. 4 und 7 des Internationalen Abkommens über den Kraftfahrzeugverkehr vom 24. 2. 1926 (RGBl. 1930 II 1234).

[7] Anerkennung von Namensänderungen: Art. 3 des Abkommens über die Änderung von Namen und Vornamen vom 4. 9. 1958 (BGBl. 1961 II 1076).

[8] Nur darauf ab, daß die Erklärung von einem Vertragsstaat stammt, stellen Art. 416 ff. des Code de droit international privé (oben Anm. 1). Ebenso Art. 1 des Projet d'une convention sur la faillite (Conf. de la Haye, 5e session, Rev.dr.int.pr. XXI 1926, 149); Art. 16 stellt klar, daß es auf die

den Abkommens ausgehen. Dabei kommt es auf die Staatsangehörigkeit, den Wohnsitz oder den Aufenthaltsort der Betroffenen, insbesondere auch der Person nicht an, welche aus diesen Akten Rechte ableitet[12] oder gegen welche diese Akte oder Rechte gerichtet sind; die anderen internationalen Anknüpfungspunkte des Verfahrens oder des diesem zugrunde liegenden Sachverhalts sind ebenfalls unbeachtlich.

c) Nach Art. 6 ter der Pariser Verbandsübereinkunft[13] sind Wappen, Fahnen, Stempel und andere *staatliche Hoheitszeichen* der Verbandsländer von der Eintragung als Fabrik- oder Handelszeichen ausgeschlossen. Auch hier wird also für diesen Schutz allein auf den Staat abgehoben, auf den sich das betreffende „Staatselement" bezieht, obwohl alle anderen Rechte aus diesem Abkommen an andere Zuordnungskriterien anknüpfen.

d) Eng verbunden mit einem bestimmten Staat ist auch dessen *Währung*. Insoweit wird das Gegenseitigkeitserfordernis aber teilweise ausgeschlossen. So sieht etwa Art. 5 des Internationalen Abkommens zur Bekämpfung der Falschmünzerei[14] die Bestrafung ohne Rücksicht darauf vor, ob „gesetzlich oder vertraglich die Gegenseitigkeit gesichert ist". Allerdings liegt diese Abweichung wohl in der Tatsache begründet, daß die Falschmünzerei wegen der Konvertibilität der Währungen alle Staaten treffen kann. Dagegen führt nach Art. VIII Abschn. 2 (b) des Abkommens über den Internationalen Währungsfonds[15] die Verletzung fremden Devisenrechts nur dann zur Unklagbarkeit, wenn der betreffende Devisenkontrakt die Währung eines Mitgliedstaates berührt.

Staatsangehörigkeit des Schuldners nicht ankommt, Art. 9 gewährt die Inländerbehandlung aber nur Gläubigern, die Staatsangehörige eines Vertragsstaates sind.

[9] Art. 5 Abs. 1 der Konvention über die Todeserklärung Verschollener (BGBl. 1955 II 706).

[10] Zollzeichen auf Mustern: Art. III Abs. 4 des Internationalen Abkommens zur Erleichterung der Einfuhr von Warenmustern und Werbematerial vom 7. 11. 1952 (BGBl. 1955 II 634); Abkommen zwischen dem Deutschen Reich, Belgien, Frankreich und Italien betreffend die gegenseitige Anerkennung von Beschußzeichen für Handfeuerwaffen vom 15. 7. 1914 (BGBl. 1927 II 377).

[11] Abkommen betr. die Ausstellung eines Reiseausweises an Flüchtlinge, die unter die Zuständigkeit des zwischenstaatlichen Ausschusses für die Flüchtlinge fallen, vom 15. 10. 1946 (BGBl. 1951 II 161).

[12] In Art. 3 des Avant-Projet du 8 mars 1963 sur l'exécution des jugements (Conf. de la Hayes, Actes et Doc. 11e session, t. I, p. 21) heißt es: „La présente convention s'applique quelle que soit la nationalité des parties." Daß die Staatsangehörigkeit der Person, welche die Vollstreckung eines Urteils betreibt, die „Staatsangehörigkeit" des Urteils nicht ersetzt, hat das BG am 12. 7. 1961 (SchwJIR XIX 1962, 246) entschieden.

[13] Vom 20. 3. 1883 rev. im Haag 6. 11. 1925, RGBl. 1928 II 176.

[14] Vom 20. 4. 1929, RGBl. 1933 II 914.

[15] Vom 27. 12. 1945, BGBl. 1962 II 638.

e) Gemäß den allgemeinen Regeln des Völkerrechts bestimmt jeder Staat selbst den Erwerb und den Verlust seiner *Staatsangehörigkeit.* Regeln über den Erwerb und den Verlust der Staatsangehörigkeit können also grundsätzlich nur dann angewendet werden, wenn der Staat, um dessen Staatsangehörigkeit es sich handelt, Partner des betreffenden Vertrages ist[16]. Deshalb beschränkt sich das Europäische Übereinkommen über die Verringerung der Mehrstaatigkeit und über die Wehrpflicht von Mehrstaatern[17] auf die Regelung des Erwerbs und Verlusts der Staatsangehörigkeit von Mitgliedstaaten, d. h. auf den Fall, daß eine Person die Staatsangehörigkeit mehrerer Mitgliedstaaten besitzt.

Die von der Conférence pour la codification du droit international des Völkerbunds verabschiedete Convention concernant certaines questions relatives aux conflits de lois sur la nationalité[18] legt in ihrem Art. 18 Abs. 1 fest, daß die Vertragspartner das Abkommen „dans leurs relations mutuelles" anwenden werden[19], bestimmt aber weder hier noch in anderen Klauseln, an welche Zuordnungskriterien diese Gegenseitigkeit anknüpfen soll.

Diese Anknüpfungspunkte ergeben sich auch nicht notwendig aus dem Sinn des Übereinkommens. Sicherlich könnte man wie beim Europäischen Abkommen voraussetzen, daß die vertragliche Regelung nur Anwendung auf die Kollision von Staatsangehörigkeiten der Vertragsparteien findet. Notwendig ist dies aber aus dem Gesichtspunkt der Belastung dritter Staaten nur, soweit die Kollisionsnorm die betreffenden fremden Staatsangehörigkeiten im Sinne des obigen Völkerrechtssatzes wirklich *regelt*. Dies ist aber nicht der Fall, wenn es um die Behandlung der Doppelstaater in einem dritten Staat geht (Art. 5) oder wenn der Verlust der Staatsangehörigkeit einer Vertragspartei nur eintreten soll, wenn — etwa beim Eheschluß — die betreffende Person die Staatsangehörigkeit eines dritten Staates erwirbt (Art. 8 ff.). Aus dem vertraglich festgelegten Prinzip der *Gegenseitigkeit* heraus wird man aber verlangen müssen, daß der Staat, dessen Staatsangehörigkeit nach der Vertragsregelung im Kollisionsfall vorgezogen und der so *begünstigt* wird, Vertragspartner ist. Folglich muß bei Anwendung der Art. 8 ff. der Staat, dessen Staatsangehörigkeit erworben wird, Ver-

---

[16] Der Vertrag wird insoweit immer als Recht des Staates angewendet, um dessen Staatsangehörigkeit es sich handelt.

[17] Vom 6. 5. 1963, Série des Traités et Conventions européens, No. 43.

[18] Rev.dr.int.pr. XXV 1930, 337.

[19] Ebenso Art. 2 des Protocole spécial relatif à l'apatridie (aaO., S. 343) und des Protocole spécial relatif à un cas d'apatridie (aaO., S. 346), sowie Art. 4 des Protocole relatif aux obligations internationales dans certains cas de double nationalité (aaO., S. 348).

tragspartner sein, und muß bei der Behandlung der Doppelstaater in einem dritten Staat der Staat, dessen Staatsangehörigkeit den Ausschlag gibt, dem Vertrag beigetreten sein. Nicht Vertragspartner zu sein braucht dagegen der Staat, dessen Staatsangehörigkeit nach Art. 5 zurücktritt.

f) Das Europäische Übereinkommen über die Verminderung der Mehrstaatigkeit und über die Wehrpflicht von Mehrstaatern[20] regelt nur die Kollision der *Wehrpflicht* nach dem Recht von zwei oder mehr Vertragsstaaten. Das erscheint folgerichtig, weil Drittstaaten durch diese Regelung entweder begünstigt oder belastet würden.

g) Der Anwendungsbereich der zwei- oder mehrseitigen *Rechtshilfeabkommen* beschränkt sich stets auf die Vertragsstaaten. Vertragspartner multilateraler Verträge müssen die Staaten sein, welche sich gegenseitig Rechtshilfe leisten. Voraussetzung der Anwendung eines Auslieferungsvertrages ist so, daß der ausliefernde Staat und der Staat, an den ausgeliefert wird, Vertragspartner sind[21]. Dasselbe gilt etwa für die gegenseitigen Informations- und Zustellungspflichten, für die Rechtshilfe bei der Beweisaufnahme etc.[22]. Grundsätzlich werden in diesem Bereich Schwierigkeiten kaum entstehen. Allerdings bestimmen sich nach der Rechtsprechung des BGH[23] die Bedingungen, unter welche eine Weiterlieferung durch den Auslieferungsstaat genehmigt werden, nach dem Rechtsverhältnis zwischen dem Auslieferungsstaat und dem Staat, an welchen weitergeliefert werden soll, soweit der Vertrag zwischen dem Auslieferungsstaat und dem Staat, an den ausgeliefert worden ist, nichts anderes vorsieht. Handelt es sich um die Anwendung eines multilateralen Abkommens, müssen also der ausliefernde Staat, der Staat, an den ausgeliefert worden ist, und der Staat, an den der Ausgelieferte weitergeliefert werden soll, Vertragspartner sein.

In all diesen Fällen kommt es auf die Staatsangehörigkeit der Beteiligten (Täter, Parteien, Zeugen usw.) und auf die anderen internationalen

---

[20] s. o. Anm. 17.
[21] Vgl. etwa Art. 1 des Europäischen Auslieferungsabkommens vom 13. 12. 1957 (BGBl. 1964 II 1369): „Die Vertragsparteien verpflichten sich, gemäß den nachstehenden Vorschriften und Bedingungen einander die Personen auszuliefern ..."; Art. 344 ff. des Code de droit international privé (oben Anm. 1); Auslieferungsvertrag zwischen der Bundesrepublik Deutschland und Portugal vom 15. 6. 1964 (BGBl. 1967 II 2346).
[22] Vgl. etwa das Europäische Abkommen über die Rechtshilfe in Strafsachen vom 20. 4. 1959, BGBl. 1964 II 1386.
[23] 16. 10. 1970, BGHSt 23, 348 = NJW 1971, 335; vgl. auch die Anm. von *Bleckmann*, Deutsche Rechtsprechung in völkerrechtlichen Fragen 1969 - 1970, ZaöRV 31 (1971), 136 ff.

16   I. Die Zuordnungskriterien in den einzelnen Vertragsmaterien

Anknüpfungspunkte des Verfahrens und des zur Entscheidung stehenden Falles nicht an.

h) Recht kompliziert ist die Rechtslage bei den Verträgen, welche die *Zuständigkeit* der Gerichte oder Behörden für bestimmte Verfahren regeln.

Soweit diese Zuständigkeitsregelung nur Voraussetzung für die Anerkennung eines fremden Urteils oder sonstigen Akts ist, kommt es nach den Verträgen nur darauf an, daß das Urteil oder der sonstige Akt von dem Gericht oder einer Behörde eines Vertragsstaates erlassen wurde. Daß nach den Regeln des Abkommens ein Nichtvertragsstaat zuständig wäre, führt also nicht zur Anerkennung seiner Entscheidung. Umgekehrt ist die Anerkennung oder Vollstreckung eines Aktes eines Vertragsstaates in einem solchen Fall nicht mangels Vertragspartnerschaft des Drittstaates, sondern wegen der fehlenden Zuständigkeit des Vertragsstaates ausgeschlossen.

Eine Anzahl von Verträgen knüpft aber an ihre Zuständigkeitsregeln die selbständige Rechtsfolge, daß andere Staaten unzuständig sind. Hier könnte man verlangen, daß der Staat, dem die Kompetenz zugeteilt wird (Gesichtspunkt der Begünstigung), und auch der Staat, dessen Zuständigkeit ausgeschlossen ist (Gesichtspunkt der Belastung), dem Vertrag beigetreten sind[24]. Weist der Vertrag die Zuständigkeit nur *einem Staate* zu, muß dieser Staat auch deswegen Vertragspartner sein, weil sonst keine Gewißheit besteht, daß der Drittstaat nach seinem eigenen Recht zuständig ist (Gesichtspunkt einer sinnvollen Kompetenzverteilung). So verlangt der Vorentwurf eines Übereinkommens über die gesetzliche Zuständigkeit, die Anerkennung und Vollstreckung von Entscheidungen in Zivil- und Handelssachen und die Vollstreckung öffentlicher Urkunden[25] in seinen Bestimmungen über die Zuständigkeit, daß sowohl der Staat, dem die Zuständigkeit zugewiesen wird, als der Staat, dessen Zuständigkeit ausgeschlossen ist, Vertragspartner sind (Art. 3 und 19). Die Convention sur les accords d'élection de for[26] und Art. 2 des Projet de Convention sur la compétence du for contractuel en cas de vente à caractère international d'objets mobiliers corporels[27] beschränken sich auf die Forderung, daß der Staat, dessen Gerichte nach der Wahl der Parteien zuständig sein sollen, Vertragspartner ist. Nach

---

[24] Natürlich muß grundsätzlich auch der Staat, dessen Organe den Vertrag anwenden, Vertragspartner sein. Es ist aber denkbar, daß der Ausschluß der Zuständigkeit eines dritten Staates etwa für die Anerkennung und Vollstreckung von Entscheidungen dieses Staates von Interesse ist.
[25] RabelsZ 29 (1965) 594.
[26] Conf. de la Haye, 10e session, SchwJIR XXII 1965, 255.
[27] SchwJIR XIII 1956, 224.

1. Vertragsklauseln, die sich auf „Staatselemente" beziehen

Art. 318 des Code de droit international privé von 1928[28] ist eine solche Wahl nur möglich, wenn eine Partei die Staatsangehörigkeit eines Vertragsstaates besitzt oder wenn sie in einem der Vertragsstaaten wohnt. Die zitierte Convention sur les accords d'élection de for bestimmt dagegen in ihrem Art. 3 ausdrücklich, daß es auf die Staatsangehörigkeit der Parteien nicht ankomme.

Welche Schwierigkeiten die Festlegung der notwendigen Vertragspartner bereiten kann, zeigt die Entwicklungsgeschichte der Convention sur l'adoption internationale des enfants[29], welche neben dem materiellen Recht die Zuständigkeiten regelt. Diese Zuständigkeitsbestimmungen legen selbst nicht fest, welche Staaten Vertragspartner sein müssen, damit sie anwendbar werden. Diese Frage wird vielmehr durch eine Generalklausel entschieden, welche auf die Zuständigkeitsfragen ebenso wie auf die Bestimmungen anwendbar ist, die regeln, nach welcher Rechtsordnung die Adoption erfolgt. Im ersten Entwurf[30] wurde vorausgesetzt, daß der gewöhnliche Aufenthalt der Adoptierenden und der gewöhnliche Aufenthalt des Kindes jeweils in einem Vertragsstaat liegt. Der Kommentar[31] hob hervor, daß der Staat, in dem das Kind seinen gewöhnlichen Aufenthalt hat, unbedingt Vertragspartner sein müsse, weil die Zuständigkeit sich nach dem gewöhnlichen Aufenthalt des Kindes richte und deshalb eine Adoption unmöglich sei, wenn dieser Staat nicht Vertragspartner ist. Die Recommendation du cycle d'étude européen sur l'adoption entre pays[32] ließ diese Frage offen, verlangte aber, daß für die Anwendbarkeit des Vertrages eine unterschiedliche Staatsangehörigkeit der Adoptierenden und des Kindes oder ein Wohnsitz dieser Personen in verschiedenen Staaten erforderlich sei, wollte den Vertrag also auf „internationale" Adoptionen beschränken. Der Avant-Projet der Commission spéciale[33] beschränkte den Anwendungsbereich auf Adoptionen „entre des adoptants ayant chacune la nationalité d'un Etat contractant ainsi que leur résidence habituelle commune sur un territoire d'un Etat contractant et un enfant ayant la nationalité d'un Etat contractant où que soit sa résidence habituelle". Hiernach wurde je nach Lage des Falles verlangt, daß ein Staat (Staatsangehörigkeit A des Adoptierenden und des Kindes, gemeinsamer Wohnsitz der Adoptierenden im Staat A) bis vier Staaten (Staatsangehörigkeit A des Adoptivvaters, Staatsangehörigkeit B der Adoptivmutter, gemeinsamer Aufenthalt der Adoptiveltern im Staat C, Staatsangehörigkeit D des

---

[28] s. o. Anm. 1.
[29] Conf. de la Haye, Actes et Doc. 10ᵉ session, t. II.
[30] aaO. S. 22.
[31] aaO. S. 37.
[32] aaO. S. 54.
[33] aaO. S. 81.

Kindes) Vertragspartner sind. All diese Anknüpfungen wurden für notwendig gehalten, damit die Adoption keinen rechtlichen oder tatsächlichen Schwierigkeiten begegnet; vorgeschlagen wurde sogar, daß auch die résidence habituelle des Kindes sich in einem Vertragsstaat befinden müsse[34]. Die niederländische Regierung war der Auffassung, diese Regelung enge den Anwendungsbereich zu stark ein. Sie schlug vor, daß der Vertrag entweder auf alle Adoptionen ohne Rücksicht auf den Beitritt bestimmter Vertragspartner oder aber in jedem Fall anwendbar sein solle, in dem eine Partei — das Kind, die Adoptiveltern — „se rattache à un Etat contractant, soit par sa nationalité, soit par sa résidence habituelle"[35]. Ähnlich schlug van Langenacken (Belgien) vor, der Vertrag solle auf alle Adoptionen anwendbar sein "qui se rattachent à l'une des parties contractantes soit par la nationalité soit par la résidence habituelle"; der Anwendungsbereich solle so bestimmt werden, daß die Kinder am besten beschützt würden[36]. Der am 28. Oktober 1964 beschlossene Entwurf einer Convention concernant la compétence des autorités, la loi applicable et la reconnaissance des décisions en matière d'adoption sieht im Art. 1 folgende Lösung vor:

La présente Convention est applicable aux adoptions entre:

d'une part une personne ayant la nationalité d'un des Etats contractants ainsi que sa résidence habituelle dans un de ces Etats, ou des époux dont chacun a la nationalité d'un des Etats contractants ainsi que sa résidence habituelle dans un de ces Etats et d'autre part, un enfant ... ayant la nationalité d'un des Etats contractants ainsi que sa résidence habituelle dans un de ces Etats.

Danach wird also je nach Sachlage verlangt, daß ein Staat bis sechs Staaten (Adoptivvater Staatsangehörigkeit A Aufenthalt B, Adoptivmutter Staatsangehörigkeit C Aufenthalt D, Kind Staatsangehörigkeit E Aufenthalt F) Vertragspartner sind. Weniger um diese Kumulation zu reduzieren als im Interesse des Kindes schließt Art. 2 den Fall aus, daß die beiden Adoptiveltern „ni la même nationalité ni leur résidence habituelle dans le même Etat contractant" haben. Dabei wird nicht entschieden, ob der Staat der gemeinsamen Staatsangehörigkeit und der Staat, in dem die Adoptiveltern einen gemeinsamen Wohnsitz haben, identisch sein müssen.

Zusammenfassend gesehen wurde bei diesem Vertrag die Bestimmung der notwendigen Vertragspartner weniger nach den Bedürfnissen der materiellen Regelung als nach denen der Zuständigkeit vorgenom-

---

[34] Rapport de la Commission spéciale, aaO. S. 92.
[35] aaO. S. 117.
[36] aaO. S. 210.

1. Vertragsklauseln, die sich auf „Staatselemente" beziehen

men. Der Vertrag sollte die rechtlichen und faktischen Hindernisse aus dem Wege räumen, die notwendig eintreten, wenn ein irgend beteiligter Staat nicht Vertragspartner ist[37]. Bei der Auswahl der Zuordnungskriterien dachte man weniger daran, daß die Zuteilung einer Kompetenz eine Begünstigung oder eine Last darstellt, als an die Tatsache, daß nur bei der Vertragspartnerschaft aller beteiligten Staaten das Vertragswerk funktionieren könne. Dabei wurde in Kauf genommen, daß der Anwendungsbereich des Vertrages stark reduziert bleibt, solange nicht alle Staaten dem Abkommen beigetreten sind.

Bis auf kleinere redaktionelle Änderungen blieb dagegen Art. 13 des Entwurfs einer Convention concernant la compétence des autorités et la loi applicable en matière de protection des mineurs[38] vom 26. Oktober 1960 im Laufe der Entwicklungsgeschichte gleich:

La présente Convention s'applique à tous les mineurs qui ont leur résidence habituelle dans un des Etats contractant.

Toutefois les compétences attribuées par la présente Convention aux autorités de l'Etat dont le mineur est ressortissant sont réservées aux Etats contractants.

Chaque Etat contractant peut se réserver de limiter l'application de la présente Convention aux mineurs qui sont ressortissants d'un des Etats contractants.

Der Bericht begründet den Absatz 2 mit dem allgemeinen Prinzip des Völkerrechts „selon lequel les Etats ne tirent pas, en général, de droits d'un traité auquel ils ne sont pas partie" und den Absatz 3 mit den Schwierigkeiten, welche die Anwendung des Vertrages im Verhältnis zu Nichtvertragsstaaten aufwerfen könne. Im Gegensatz zum Adoptionsvertrag wurde hier also versucht, für die materielle Regelung und für die Kompetenzen jeweils angemessene unterschiedliche Regeln zu finden. Beim Absatz 2 steht der Gedanke der Begünstigung, im Absatz 3 der Gedanke der Last im Vordergrund der Auswahlkriterien.

Die bisherigen Beispiele dürften gezeigt haben, daß die Bestimmung der notwendigen Vertragspartner durch unterschiedliche Gesichtspunkte beeinflußt wird. Deshalb ist bei Kompetenzverträgen, welche die Zuordnung nicht ausdrücklich regeln[39], die Entscheidung sehr schwierig.

---

[37] Nach dem Bericht von M. *Maul* (S. 418) muß auch der Staat des gewöhnlichen Aufenthalts des Kindes Vertragspartner sein, weil sonst die Mitwirkung und Anerkennung durch diesen Staat nicht gewährleistet sei.

[38] Conf. de la Haye, Actes et Doc. 9e session, t. IV, p. 213.

[39] Vgl. die Convention internationale pour l'unification de certaines règles relatives à la compétence pénale en matière d'abordage et autres événements de navigation du 10 mars 1952 (Rev.cr.dr.int.pr. 41, 1952, 814), sowie Projet de Convention sur les conflits de lois de juridiction en matière de succession (Actes de la 7e session de la Conf. de la Haye, p. 64), Art. 8.

I. Die Zuordnungskriterien in den einzelnen Vertragsmaterien

2. *Niederlassungsrechte* werden in der Regel ausdrücklich nur den Staatsangehörigen der Vertragsparteien bzw. deren Gesellschaften, in Ausnahmefällen auch deren Familienangehörigen gewährt[40]. Dasselbe gilt von der Befreiung von der Sicherheitsleistung und von der Gewährung des Armenrechts im Gerichtsverfahren und von der Übernahme von Fürsorgepflichten[41], vom Schutz von Kapitalanlagen[42] usw. Nur ganz selten wird diese Regel durchbrochen. Eine Mehrfachanknüpfung findet sich etwa in Art. 16 des Europäischen Niederlassungsabkommens, das sich auf Staatsangehörige eines Vertragspartners bezieht, die als Handelsreisende für ein Unternehmen tätig sind, dessen Hauptniederlassung sich im Gebiet eines Vertragsstaates befindet.

3. Allerdings scheinen sich die den Staatsangehörigen gewährten Niederlassungsrechte in Randbereichen mit den *Handelsrechten* zu überschneiden, die in der Regel an die „Staatsangehörigkeit" der Waren anknüpfen. Allerdings gibt es auch hier nun wieder sehr unterschiedliche Zuordnungskriterien. Einfuhrrechte sowie das Recht auf eine bestimmte Behandlung der Waren im Inland werden in der Regel dem Ursprungs-

---

[40] *Multilaterale Verträge:* Art. 2 des Traité instituant l'Union économique Benelux (*Bleckmann,* Die Benelux-Wirtschaftsunion, ZaöRV 22, 1962, 240 ff.); Übereinkommen zwischen den Regierungen Belgiens, Frankreichs, Luxemburgs, der Niederlande und des Vereinigten Königreichs von Großbritannien und Nordirland über Gastarbeitnehmer vom 17. 4. 1950 (BGBl. 1960 II 445); Europäisches Niederlassungsabkommen vom 13. 12. 1955 (BGBl. 1959 II 998); Art. 1 ff. des Code de droit international privé von 1928 (oben Anm. 1); Projet de Convention élaboré par le Comité économique de la Société des Nations pour servir de base à la Conférence internationale (Rev.dr.int.pr. XXV 1930, 236).

Bilaterale Verträge: Freundschafts-, Handels- und Konsularvertrag zwischen den Vereinigten Staaten und Salvador (RabelsZ 44 1933, 274); Handelsabkommen zwischen der Bundesrepublik Deutschland und der Ägyptischen Regierung vom 21. 4. 1951 (BGBl. 1952 II 525); Handelsabkommen der Bundesrepublik Deutschland mit der Republik Peru vom 20. 7. 1951 (1952 II 333); Handels- und Schiffahrtsvertrag der Bundesrepublik Deutschland mit Kuba vom 11. 5. 1953 (BGBl. 1955 II 1055); Freundschafts-, Handels- und Schiffahrtsvertrag zwischen der Bundesrepublik Deutschland und den Vereinigten Staaten von Amerika vom 29. 10. 1954 (BGBl. 1956 II 487); Niederlassungs- und Schiffahrtsvertrag zwischen der Bundesrepublik Deutschland und Frankreich vom 27. 10. 1956 (BGBl. 1957 II 1661); Freundschafts-, Handels- und Schiffahrtsvertrag zwischen der Bundesrepublik Deutschland und der Dominikanischen Republik vom 23. 12. 1957 (BGBl. 1959 II 1468) usw.

[41] Europäisches Fürsorgeabkommen vom 11. 12. 1953 (BGBl. 1956 II 664).

[42] Vgl. die Verträge der Bundesrepublik Deutschland über die Förderung und den Schutz von Kapitalanlagen mit Togo (16. 5. 1961, BGBl. 1964 II 154), Marokko (31. 8. 1961, BGBl. 1967 II 1642), Liberia (12. 12. 1961, BGBl. 1967 II 1538); Thailand (12. 12. 1961, BGBl. 1964 II 687); Guinea (19. 4. 1962, BGBl. 1964 II 145); Madagaskar (21. 9. 1962, BGBl. 1965 II 369), mit der Zentralafrikanischen Republik (23. 8. 1965, BGBl. 1967 II 1658), der Republik Kongo (13. 9. 1965, BGBl. 1967 II 1734), der Elfenbeinküste (27. 10. 1966, BGBl. 1968 II 61), mit Uganda (29. 11. 1966, BGBl. 1968 II 449), Sambia (10. 12. 1966, BGBl. 1968 II 33), Tschad (11. 4. 1967, BGBl. 1968 II 221) usw.

1. Vertragsklauseln, die sich auf „Staatselemente" beziehen 21

land der Ware gewährt. Hierbei werden die Formeln „marchandise originaire d'un Etat contractant"[43], „produit du territoire d'un Etat contractant", „Erzeugnisse aus Vertragsstaaten"[44], „Waren (Erzeugnisse) mit Ursprung in einem Vertragsstaat"[45], „aus dem Gebiet eines Vertragsstaates stammende Waren (Erzeugnisse)"[46] oder einfach „deutsche Waren", „Waren deutschen Ursprungs"[47] benutzt. Damit wird auf die Herstellung der Ware im Gebiet eines Vertragspartners abgestellt, ohne daß in der Regel die schwierigen Abgrenzungsfragen geklärt werden, die bei einer stufenweisen Erzeugung in mehreren Ländern auftreten. Auf die Staatsangehörigkeit des Exporteurs, des Importeurs, des Endverbrauchers usw. kommt es dabei nicht an. Schwer zu entscheiden ist die Frage, ob die Ware außerdem stets unmittelbar aus dem Ursprungsland (oder aus einem anderen Vertragsstaat) in das Land eingeführt sein muß, welches die Vorzugsbehandlung gewährt. Nicht geklärt wird diese Frage, wenn neben dem Ursprung nur hervorgehoben wird, die Ware sei „bei der Einfuhr (Ausfuhr)" in einer bestimmten Weise zu behandeln[48], weil es sich auch um eine Einfuhr aus Drittländern handeln könnte. Klarer wird die Rechtslage, wenn solche Waren „im Handelsverkehr (Warenverkehr) zwischen den Mitgliedstaaten" begünstigt werden[49] oder wenn neben dem Ursprung die Einfuhr aus einem

---

[43] Art. 1 Abs. 1, III Abs. 2, VI und X des GATT, Art. 3 Abs. 3 des Traité instituant l'Union économique Benelux.

[44] Freundschafts-, Handels- und Schiffahrtsvertrag zwischen der Bundesrepublik Deutschland und den Vereinigten Staaten von Amerika vom 29. 10. 1954 (BGBl. 1956 II 487); Handelsabkommen der Bundesrepublik Deutschland mit Peru vom 20. 7. 1951 (BGBl. 1952 II 333).

[45] Abkommen über die Assoziation zwischen der EWG und den mit dieser Gemeinschaft assoziierten afrikanischen Staaten und Madagaskar vom 20. 7. 1963 (BGBl. 1964 II 294); Abkommen über den Handelsverkehr und die technische Zusammenarbeit zwischen der EWG und den Mitgliedstaaten einerseits und der Liberianischen Republik andererseits vom 21. 3. 1965 (BGBl. 1967 II 1674); Abkommen vom 30. 7. 1955 über die Gewährung der Meistbegünstigung und über gewerbliche Schutzrechte zwischen der Bundesrepublik Deutschland und Paraguay vom 30. 7. 1955 (BGBl. 1957 II 1273).

[46] Abkommen vom 25. 4. 1958 über allgemeine Fragen des Handels und der Schiffahrt zwischen der Bundesrepublik Deutschland und der UdSSR vom 25. 4. 1958 (BGBl. 1959 II 222); Freundschafts-, Handels- und Schiffahrtsvertrag vom 21. 11. 1957 zwischen der Bundesrepublik Deutschland und Italien (BGBl. 1959 II 949); Handelsvertrag vom 11. 5. 1953 zwischen der Bundesrepublik Deutschland und Kuba (BGBl. 1955 II 1055).

[47] Vgl. etwa das Handelsabkommen der Bundesrepublik Deutschland mit Ägypten vom 21. 4. 1951 (BGBl. 1952 II 525).

[48] Art. 1 des Abkommens über die Einfuhr von Gegenständen erzieherischen, wissenschaftlichen oder kulturellen Charakters (BGBl. 1957 II 171); Art. 1 des Abkommens über den Handelsverkehr und die technische Zusammenarbeit zwischen der EWG und den Mitgliedstaaten einerseits und der Liberianischen Republik andererseits vom 21. 5. 1965 (BGBl. 1967 II 1674).

[49] Abkommen über die Assoziation zwischen der EWG und den mit dieser Gemeinschaft assoziierten afrikanischen Staaten und Madagaskar vom 20. 7. 1963 (BGBl. 1964 II 294).

Mitgliedstaat in einen anderen Mitgliedstaat ausdrücklich hervorgehoben wird[50]. Bei multilateralen Abkommen könnten dann mit bis zu drei Staaten: dem Ursprungsstaat, dem Ausfuhrstaat und dem Einfuhrstaat — Anknüpfungen vorliegen. Andere Verträge stellen nicht auf den Ursprung, sondern nur auf die Einfuhr von einem Vertragsstaat in einen anderen Vertragsstaat ab[51]. Dieses Kriterium rückt in den Vordergrund bei Abkommen, die den freien Verkehr und insbesondere den Durchgangsverkehr fördern sollen. Eine Anzahl dieser Verträge bezieht sich auf den Verkehr von einem Vertragsstaat in einen anderen Vertragsstaat[52]. Andere Abkommen knüpfen die Vorteile an den Transitverkehr von oder nach den Territorien der Vertragsstaaten[53] oder an die Bestimmung des Gutes für einen Vertragsstaat[54]. Art. III Abs. 2 des Internationalen Abkommens zur Erleichterung der Einfuhr von Warenmustern und Werbematerial vom 7. November 1952[55] bezieht sich dagegen auf die „Einfuhr aus dem Gebiet einer Vertragspartei durch Personen, die im Gebiet irgendeiner Vertragspartei ansässig sind". Zahlreiche Erleichterungen bei der Einfuhr werden schließlich dem

---

[50] Handelsvertrag vom 2. 2. 1951 zwischen der Bundesrepublik Deutschland und Chile (BGBl. 1952 II 325); Art. III Abs. 2 des Int. Abkommens zur Erleichterung der Einfuhr von Warenmustern und Werbematerial vom 7. 11. 1952 (BGBl. 1955 II 634).

[51] Art. 3 Abs. 1 des Traité instituant l'Union économique Benelux: „La circulation des marchandises, sans distinction d'origine, de provenance ou de destination, entre les territoires des Hautes Parties Contractantes . . .; Art. 1 Abs. 2 des Europäischen Übereinkommens über die Zollbehandlung von Paletten, die im internationalen Verkehr verwendet werden, vom 9. 12. 1960 (BGBl. 1964 II 407); Zollabkommen über Carnets E.C.S. für Warenmuster vom 1. 3. 1956 (BGBl. 1965 II 919).

[52] Vertrag zwischen der Bundesrepublik Deutschland und der Republik Österreich über den Durchgangsverkehr auf den Straßen an der Walchen Ache und am Pittenbach sowie zum Bächen- und Rißtal im deutschen und österreichischen Grenzgebiet vom 17. 2. 1966 (BGBl. 1967 II 2092); Art. 1 Abs. 1 des Abkommens vom 14. 9. 1955 zwischen der Bundesrepublik Deutschland und der Republik Österreich über Verkehrserleichterungen der Grenzabfertigung im Eisenbahn-, Straßen- und Schiffahrtsverkehr (BGBl. 1957 II 581); Art. II und VI des Zollvertrages vom 20. 12. 1951 zwischen der Bundesrepublik Deutschland und der Schweiz (BGBl. 1952 II 405); Art. VII des Freundschafts-, Handels- und Konsularvertrags zwischen den Vereinigten Staaten und Salvador (RabelsZ 44, 1933, 274).

[53] Art. V Abs. 2 des GATT; Freundschafts-, Handels- und Konsularvertrag zwischen den Vereinigten Staaten und Salvador (RabelsZ 44, 1933, 274); vgl. Convention relative au commerce de transit des Etats sans littoral vom 8. 7. 1965 (SchwJIR XXIII 1966, 133).

[54] Titel I des Abkommens über die Assoziation zwischen der EWG und den mit dieser Gemeinschaft assoziierten afrikanischen Staaten und Madagaskar vom 20. 7. 1963 (BGBl. 1964 II 294); Freundschafts-, Handels- und Schiffahrtsvertrag vom 21. 11. 1957 zwischen der Bundesrepublik Deutschland und Italien (BGBl. 1959 II 949); Art. I und XI des GATT.

[55] BGBl. 1955 II 634.

1. Vertragsklauseln, die sich auf „Staatselemente" beziehen

Staat gewährt, dem die betreffenden Verkehrsmittel (Schiffe, Luftfahrzeuge, Kraftfahrzeuge) zugeordnet werden[56]. So sieht etwa Art. 2 des Abkommens über die Besteuerung von Straßenfahrzeugen zum privaten Gebrauch im internationalen Verkehr vom 18. Mai 1956[57] die Abgabenfreiheit für die vorläufige Einfuhr von Kraftfahrzeugen vor, die im Gebiet eines Vertragspartners zugelassen sind.

Zusammenfassend kann festgestellt werden, daß Verträge über die hier behandelten Rechte die unterschiedlichsten Zuordnungen — Ursprung der Ware, Einfuhr oder Verkehr von einem Vertragsstaat und/ oder in einen Vertragsstaat, „Staatsangehörigkeit" des Verkehrsmittels, Staatsangehörigkeit der Beteiligten — vorsehen, die entweder allein oder kumulativ verwendet werden. Dabei wird das Kriterienbündel zwar enger, je stärker man auf bestimmte Klauseln oder Rechte abstellt. Insgesamt gesehen bleiben aber jeweils soviele Kriterien übrig, daß man bei Verträgen, die keine oder ungenaue Zuordnungskriterien festlegen[58] aus der Vertragspraxis nicht sicher bestimmen kann, welche Zuordnungen den Ausschlag geben.

4. Sobald an Sachverhalten mit internationalen Anknüpfungspunkten *Schiffe* beteiligt sind, tritt in Ansehung aller vertraglichen Rechte und Pflichten eine augenfällige Konzentration auf die Zuordnung dieser Schiffe ein, welche alle anderen möglichen Zuordnungskriterien in den Hintergrund drängt. Etwas weniger stark ist diese Konzentration bei den Luftfahrzeugen und vor allem bei den Kraftfahrzeugen.

Die Konzentration auf den Registrierungs- oder Flaggenstaat findet man nicht nur bei Verträgen, welche diese Schiffe selbst betreffen[59]. Auch die Verträge über den freien Zugang und die Benutzung der Häfen und ihrer Einrichtungen knüpfen an die Staatsangehörigkeit der

---

[56] s. u. 4.
[57] BGBl. 1960 II 2398.
[58] Keine Hinweise enthalten etwa bestimmte Artikel des GATT, Art. 2 des Internationalen Abkommens zur Erleichterung der Einfuhr von Warenmustern und Werbematerial vom 7. 11. 1952 (BGBl. 1955 II 634), das Abkommen über die Zollerleichterung im Touristenverkehr vom 4. 6. 1954 (BGBl. 1956 II 1889), das Zollabkommen über die vorübergehende Einfuhr privater Straßenfahrzeuge vom 4. 6. 1954 (BGBl. 1956 II 1949), das Abkommen über internationale Ausstellungen vom 22. 11. 1929 (BGBl. 1930 II 738), das Zollübereinkommen über Erleichterungen für die Einfuhr von Waren, die auf Ausstellungen, Messen, Kongressen oder ähnlichen Veranstaltungen ausgestellt oder verwendet werden, vom 8. 6. 1961 (BGBl. 1967 II 746), das Übereinkommen zur Erleichterung des internationalen Seeverkehrs vom 9. 4. 1965 (BGBl. 1967 II 2435) und die internationale Vereinbarung betr. die Ausfuhr von Häuten und Fellen vom 11. 7. 1928 (RGBl. 1929 II 696).
[59] Vgl. etwa das Abkommen über die Abschaffung der Gesundheitspässe vom 22. 12. 1934 (RGBl. 1934 II 84) und das internationale Abkommen über den Freibord der Kauffahrteischiffe vom 5. 7. 1930 (RGBl. 1933 II 708).

Schiffe an, und zwar nicht nur hinsichtlich der Rechte, welche den Schiffen selbst gewährt werden, sondern auch bezüglich der Vorteile für die auf den Schiffen befindlichen Personen und Güter, und dies ohne Rücksicht auf die Staatsangehörigkeit der Personen und die Herkunft der Waren[60]. Auch die Regeln über die Sozialversicherung und das Dienstrecht werden auf alle Personen erstreckt, die sich an Bord des Schiffes eines Vertragsstaates befinden[61]. Nur an die Staatsangehörigkeit des Schiffes knüpfen auch die internationalen Straftatbestände — etwa für die Übertretung von Fischereiregeln[62] oder für die Übertretung des Verbots des Branntweinhandels[63] an. Schließlich richten sich auch die Rechtsvereinheitlichungsverträge an der Staatsangehörigkeit der Schiffe aus. So ist etwa nach Art. 12 des Übereinkommens zur einheitlichen Feststellung von Regeln bei Zusammenstößen von Schiffen vom 23. September 1910[64] das Abkommen auf alle Beteiligten anzuwenden, sofern sämtliche am Zusammenstoß beteiligte Schiffe die Staatsangehörigkeit von Vertragsstaaten besitzen. Dieselbe Regel enthält Art. 8 der Convention internationale pour l'unification de certaines règles relatives à la compétence civile en matière d'abordage[65], die den Staaten allerdings gestattet, die Anwendung des Vertrages auf Angehörige eines Nichtvertragsstaates von der Gegenseitigkeit abhängig zu machen. Ähnlich das Übereinkommen zur einheitlichen Feststellung von Regeln über die Hilfeleistung und Bergung in Seenot vom 23. Sep-

---

[60] Vgl. etwa Art. 2 des Statuts über die internationale Rechtsordnung der Seehäfen vom 9. 12. 1923 (RGBl. 1928 II 23) und die Schiffahrtsverträge der Bundesrepublik Deutschland mit Kuba (11. 5. 1953, BGBl. 1955 II 1055), den Vereinigten Staaten (29. 10. 1954, BGBl. 1956 II 487), Frankreich (27. 10. 1956, BGBl. 1957 II 1661), der Dominikanischen Republik (23. 12. 1957, BGBl. 1959 II 1468) und der UdSSR (25. 4. 1958, BGBl. 1959 II 223).

[61] Vgl. das Abkommen über die soziale Sicherheit der Rheinschiffer (BGBl. 1951 II 243), das Abkommen über die Arbeitsbedingungen der Rheinschiffer vom 21. 5. 1954 (BGBl. 1957 II 217), das ILO-Übereinkommen 56 über die Krankenversicherung der Schiffsleute (BGBl. 1956 II 892) und das ILO-Übereinkommen 42 über den Heuervertrag (AA Bd. 30 Nr. 402).

[62] Übereinkommen über den Schutz des Lachsbestandes in der Ostsee vom 20. 12. 1962 (BGBl. 1965 II 115); Abkommen zur Regelung des Walfangs vom 8. 6. 1937 (RGBl. 1937 II 540).

[63] Internationaler Vertrag zur Unterdrückung des Branntweinhandels unter den Nordseefischern auf Hoher See vom 16. 4. 1887 (RGBl. 1894, 427). Kein Hinweis findet sich dagegen in der Convention internationale pour l'unification de certaines règles relatives à la compétence pénale en matière d'abordage et autres événements de navigation vom 10. 5. 1952 (Rev.cr.dr. int.pr. 41, 1952, 814).

[64] RGBl. 1913, 49; vgl. auch den Entwurf vom 10. 5. 1952 bei *Makarov*, Quellen des internationalen Privatrechts, Bd. II Nr. 354, S. 814. Zur Anwendung des Vertrages von 1910 vgl. BGH 22. 3. 1962, IPR-Rspr. 1962/3, Nr. 47, S. 123; 24. 5. 1962, IPR-Rspr. 1962/3, Nr. 47, S. 123; LG Bremen 13. 12. 1962, IPR-Rspr. 1964/5, Nr. 60, S. 203.

[65] Rev.cr.dr.int.pr. 41, 1952, 816.

tember 1910[66], dessen Vergütungsregeln auf alle Beteiligten Anwendung findet, wenn das hilfeleistende oder bergende Schiff oder das Schiff, zu dessen Gunsten die Hilfeleistung oder Bergung stattgefunden hat, einem Vertragsstaat angehört.

Stark geschwankt hat dagegen die Anknüpfung in der Entwicklungsgeschichte des Vertrages über die Beschränkung der Reederhaftung. Nach dem Avant-Projet du Comité Maritime International du 16 juin 1906 sur la responsabilité des propriétaires des navires[67] war erforderlich, daß „les navires en litige seront ressortissants aux Etats contractants". Die Bases d'un Projet de Convention sur la limitation de la responsabilité des propriétaires de navires soumis à l'étude des Gouvernements vom 1./7. Oktober 1909 verlangte dagegen, daß eine der beteiligten Parteien Staatsangehöriger eines anderen Vertragsstaates ist[68]; jeder Staat hatte allerdings das Recht, die Anwendung des Vertrages zugunsten von Staatsangehörigen von Nichtvertragsstaaten auszuschließen[69]. Die Convention internationale sur la limitation de la responsabilité des propriétaires de navires de mer vom 10. Oktober 1957[70] findet dagegen Anwendung, wenn der Eigentümer eines Schiffes vor den Gerichten eines Vertragsstaates Befreiung verlangt[71]; jeder Staat hat dabei das Recht, die Anwendung des Vertrages auf Nichtvertragsstaaten auszuschließen, wenn die Person, welche die Befreiung verlangt, nicht in einem Vertragsstaat seinen gewöhnlichen Aufenthalt hat oder aber das betreffende Schiff nicht die Flagge eines Vertragsstaates führt[72].

Auch die Convention pour l'unification de certaines règles sur la saisie conservatoire des navires de mer[73] verwendet beide Kriterien. Sie ist grundsätzlich auf Schiffe anwendbar, welche die Flagge eines Vertragspartners führen. Allerdings kann jeder Staat die Anwendung verweigern, wenn die Beteiligten im Gebiet eines Vertragspartners nicht ihren gewöhnlichen Aufenthalt oder ihre Niederlassung haben.

---

[66] 23. 9. 1910 (RGBl. 1913, 66); zu den Zuordnungskriterien vgl. OLG Hamburg 10. 4. 1929, IPR-Rspr. 1929, Nr. 62, S. 94.
[67] Zeitschr. f. Int. Recht XXI 1911, 103.
[68] aaO. S. 114.
[69] Erforderlich ist dann also, daß der Kläger die Staatsangehörigkeit eines Vertragsstaates besitzt.
[70] RabelsZ 24, 1959, 442.
[71] Damit wird nur verlangt, daß der Anwendungsstaat Vertragspartner ist. Hier handelt es sich nicht um ein Problem des Anwendungsbereichs.
[72] Der Vertrag ist wohl dahin auszulegen, daß die konkreten Zuordnungskriterien (Aufenthaltsstaat und Flaggenstaat) des zweiten Halbsatzes bestimmen, wann der Vertrag im Sinne des ersten Halbsatzes auf Nichtvertragsstaaten angewendet wird.
[73] Rev.dr.int.pr. 41, 1952, 817.

Schließlich gibt es auch Verträge, die nicht auf die Staatsangehörigkeit der Schiffe, sondern nur auf die Staatsangehörigkeit der Personen abstellen, in derem Dienst die Schiffe fahren[74].

Die Konzentration der Zuordnung auf das Verkehrsmittel ist bei Luftfahrzeugen wohl etwas weniger stark. Das Recht, das Hoheitsgebiet eines Vertragsstaates zu überfliegen, wird in der Regel nur den Luftfahrzeugen der Vertragsstaaten gewährt[75]. Dasselbe gilt für das Recht auf Flughafenbenutzung[76] und für die Hilfeleistung und Untersuchung bei Unfällen[77]. Die Luftfahrzeuge werden gewöhnlich dem Registrierungsstaat zugeordnet. Einige Verträge stellen allerdings letztlich nicht auf diese Registrierung, sondern darauf ab, daß das Luftfahrzeug zu einem wesentlichen Teil im Eigentum und unter der tatsächlichen Kontrolle eines Staatsangehörigen eines Vertragsstaates steht[78]. Rechte an Luftfahrzeugen werden von anderen Staaten anerkannt, wenn das Luftfahrzeug und die Rechte in einem Vertragsstaat eingetragen sind[79]. Das Mehrseitige Abkommen über gewerbliche Rechte im nichtplanmäßigen Luftverkehr in Europa[80] findet Anwendung, wenn das Luftfahrzeug in einem Mitgliedstaat der Europäischen Zivilluftfahrtkonferenz eingetragen ist und von einem Staatsangehörigen eines Vertragsstaates betrieben wird, der von der zuständigen nationalen Behörde dieses Staates hierzu ordnungsgemäß zugelassen ist. Nur auf die Eintragung des Luftfahrzeugs in einem Vertragsstaat wiederum stellt Art. 9 Abs. 1 des Abkommens zur Vereinheitlichung von Regeln über die Sicherheitsbeschlagnahme von Luftfahrzeugen[81] ab. Dagegen wird die Zollbefreiung häufig den Luftfahrzeugen gewährt, die sich auf einem Fluge nach oder von dem Gebiet eines Vertragsstaates befinden; hier drängt wie bei den Waren der Verkehrsgedanke die Zugehörigkeit des Verkehrsmittels zurück.

---

[74] Vgl. die Handelsverträge der Bundesrepublik Deutschland mit Griechenland (12. 2. 1951 (BGBl. 1952 II 517), Peru (20. 7. 1951, BGBl. 1952 II 333) und Chile (2. 2. 1951, BGBl. 1952 II 325) sowie den Freundschafts-, Handels- und Konsularvertrag der Vereinigten Staaten von Amerika mit Salvador (RabelsZ 44, 1933, 274), die zum Teil auf die Staatsangehörigkeit der Reeder, zum Teil auf die Angehörigkeit der Personen abstellen, welche die Schiffe gechartert haben.

[75] Art. 3, 5 und 7 des Abkommens über die internationale Zivilluftfahrt vom 7. 12. 1944 (BGBl. 1956 II 412).

[76] Art. 15 aaO.

[77] Art. 25 f. aaO.

[78] Abschn. 5 der Vereinbarung über den Durchflug im internationalen Fluglinienverkehr vom 7. 12. 1944 (BGBl. 1956 II 442).

[79] Art. 1 des Abkommens über die internationale Anerkennung von Rechten an Luftfahrzeugen (BGBl. 1956 II 131).

[80] Vom 30. 4. 1956 (BGBl. 1959 II 823).

[81] Vom 29. 5. 1933 (RGBl. 1935 II 302).

1. Vertragsklauseln, die sich auf „Staatselemente" beziehen

Eine sicherlich zu starke Konzentration auf das „Verkehrsmittel" findet sich im Internationalen Vertrag zum Schutz der unterseeischen Telegraphenkabel vom 14. März 1884[82], nach dessen Art. 1 das Abkommen Anwendung findet, wenn das Kabel auf dem Gebiet eines oder mehrerer Vertragspartner landet. Dieser Vertrag stellt die Beschädigung des Kabels unter Strafe (Art. 2), verpflichtet den Eigentümer, der beim Legen oder Ausbessern seines Kabels ein anderes Kabel beschädigt hat, zum Schadensersatz (Art. 3)[83], fordert die Einhaltung der Verträge über die Verhütung des Zusammenstoßes von Schiffen durch die Schiffe, welche die Kabel legen oder verbessern, verpflichtet andere Fahrzeuge zur Einhaltung eines Sicherheitsabstands von Kabeln, Bojen und Verlegerschiffen (Art. 6) und sieht einen Entschädigungsanspruch für Personen vor, die ihre Anker, Netze oder Fischereigeräte geopfert haben, um das Kabel nicht zu beschädigen (Art. 7). Es fragt sich, ob der Gedanke des Vertrages zu Gunsten und zu Lasten Dritter hier nicht gefordert hätte, daß die Schiffe, deren Eigentümern oder Kapitänen Rechte eingeräumt und Pflichten auferlegt werden, Vertragsstaaten zugehören.

5. Recht vielfältig sind die Anknüpfungspunkte bei den Verträgen über den *gewerblichen Rechtsschutz*. Die bilateralen Abkommen in dieser Materie gewähren den Schutz in der Regel immer nur den Staatsangehörigen der Vertragsstaaten, ganz gleich um welche Rechte es sich im einzelnen auch handeln mag[84]. Die mehrseitigen Übereinkommen gewähren diesen Schutz dagegen nicht nur den Staatsangehörigen von Vertragsstaaten. So erstreckt etwa das Welturheberrechtsabkommen[85] den Schutz auch auf Werke, die zuerst auf dem Gebiet eines Vertragsstaates veröffentlicht wurden, und gestattet den Staaten die Ausdehnung auf Personen, die ihren Wohnsitz in ihrem Staatsgebiet haben.

---

[82] RGBl. 1888, 151.

[83] Kommt es hier nach Art. 1 darauf an, daß das neu gelegte oder das beschädigte Kabel auf dem Gebiet eines Vertragsteils landet, oder sind gar beide Anknüpfungen erforderlich? Wenn die meisten Bestimmungen des Abkommens sich auch auf die Verlegung des Kabels beziehen, hier also nur die Zuordnung dieses Kabels gemeint sein kann, gibt es doch andere Vorschriften, bei denen die Beschädigung des Kabels allein geregelt ist; hier muß sich die Zuordnung offensichtlich auf das beschädigte Kabel beziehen.

[84] Vgl. etwa die Abkommen der Bundesrepublik mit folgenden Staaten: Abkommen vom 30. 7. 1955 über die Gewährung der Meistbegünstigung und über gewerbliche Schutzrechte mit Paraguay (BGBl. 1957 II 1273); Abkommen mit der Republik Libanon vom 8. 3. 1955 auf dem Gebiet des gewerblichen Rechtsschutzes (BGBl. 1955 II 897), Vertrag vom 4. 11. 1954 mit den Vereinigten Staaten von Mexiko über den Schutz der Urheberrechte ihrer Staatsangehörigen an Werken der Tonkunst (BGBl. 1955 II 903), Abkommen mit der Italienischen Republik auf dem Gebiet des gewerblichen Rechtsschutzes vom 30. 4. 1952 (BGBl. 1952 II 975).

[85] BGBl. 1955 II 102; vgl. auch die revidierte Pariser Verbandsübereinkunft zum Schutz des gewerblichen Eigentums (BGBl. 1961 II 274).

28   I. Die Zuordnungskriterien in den einzelnen Vertragsmaterien

6. Die multilateralen Abkommen über die Sozialversicherung[86] gewähren ebenso wie die zweiseitigen Verträge in diesem Bereich die in ihnen geregelten Rechte in der Regel nur Staatsangehörigen von Vertragsstaaten. Handelt es sich um die Versicherungsleistungen an Hinterbliebene, ist manchmal allerdings nicht ganz klar, ob es dabei auf die Staatsangehörigkeit des verstorbenen Versicherungsnehmers oder auf die Staatsangehörigkeit des betreffenden Hinterbliebenen ankommt, oder ob schließlich beide Vertragsstaaten angehören müssen. Meistens kommt es wohl auf die Staatsangehörigkeit des Leistungsberechtigten an[87].

Besondere Probleme werfen die meisten ILO-Übereinkommen in diesem Bereich auf, die weiter unten zusammenfassend untersucht werden sollen[88]. Wir haben ferner schon gezeigt, daß es bei auf Schiffen Beschäftigten nicht auf ihre, sondern auf die Staatsangehörigkeit des Schiffes ankommt[89].

7. Besonders aufschlußreich schließlich ist die Problematik der Gegenseitigkeit bei den *Rechtsvereinheitlichungsverträgen*[89a].

a) Zahlreiche Verträge beschränken sich darauf, nur die für bestimmte Materien eingreifenden Regeln des IPR zu vereinheitlichen.

Ein Teil dieser Abkommen verzichtet mit unterschiedlichen Formulierungen auf jede Gegenseitigkeit. Eigenartigerweise findet sich dieser Verzicht nur selten in Verträgen, die das gesamte IPR einer bestimmten Regionalgruppe oder zumindest einen umfangreichen Bereich aus diesem Rechtsgebiet vereinheitlichen sollen, obwohl diese Abkommen doch gerade die innerstaatliche Rechtsharmonie in dieser Staatengruppe zum Ziel haben. In einigen dieser Verträge ist das Problem wohl überhaupt noch nicht gesehen worden; diese Abkommen bzw. Entwürfe regeln die Frage der Gegenseitigkeit nicht. Das gilt insbesondere für die Vorentwürfe über die Vereinheitlichung des IPR in Lateinamerika von 1878 und 1889[90], während der am 20. Februar 1928 in Havanna

---

[86] Vgl. etwa das Europäische Abkommen über die Systeme der sozialen Sicherheit für den Fall des Alters, der Invalidität und zugunsten der Hinterbliebenen vom 11.12.1953 (BGBl. 1956 II 531) und das Übereinkommen 19 der ILO über die Gleichbehandlung einheimischer und ausländischer Arbeitnehmer in der Entschädigung bei Betriebsunfällen (AA Bd. 29, Nr. 389).
[87] So wohl der Wortlaut der beiden in Anm. 86 angeführten Abkommen; Vgl. für das ILO-Übereinkommen den interessanten Fall BSG 18.12.1969 (E 30, 226 = ZaöRV 32, 1972, 152 f.).
[88] s. u. II 2 b.
[89] s. o. 4.
[89a] Zum folgenden vgl. auch *Lehmhöfer*, RabelsZ 1960, 431.
[90] Vgl. F. *Meili*, Die Kodifikation des internationalen Civil- und Handelsrechts. Eine Materialiensammlung, 1891, S. 91 ff. Keine Anhaltspunkte ent-

1. Vertragsklauseln, die sich auf „Staatselemente" beziehen

angenommene Code de droit international privé (Code Bustamente)[91] je nach der betreffenden Materie unterschiedliche Zuordnungskriterien festlegt. Derselben Methode folgen auch die skandinavischen Abkommen über die Vereinheitlichung des IPR[92]. Das Projet de loi uniforme relative au droit privé élaboré par la Commission belgo-néerlando-luxembourgeoise pour l'étude de l'unification du droit du 15 mars 1950[93] enthält keine Bestimmungen über die Gegenseitigkeit; aus dem Bericht hierzu ergibt sich aber, daß diese loi uniforme nicht nur in den Beziehungen der drei Staaten untereinander gelten, sondern das nationale IPR der drei Staaten generell ersetzen soll[94].

So findet sich denn ein ausdrücklicher Verzicht auf die Gegenseitigkeit meist nur in Verträgen, die das IPR in bestimmten, eng begrenzten Materien vereinheitlichen sollen[95]. Ein Teil dieser Abkommen schließt ausdrücklich die Gegenseitigkeit aus und hebt überdies hervor, daß bestimmte Staaten nicht Vertragspartner zu sein brauchen. So bestimmt etwa Art. 6 des Übereinkommens über das auf die Form letztwilliger Verfügungen anzuwendende Recht vom 5. Oktober 1961[96]:

Die Anwendung der in diesem Übereinkommen aufgestellten Regeln über das anzuwendende Recht hängt nicht von der Gegenseitigkeit ab. Das Übereinkommen ist auch dann anzuwenden, wenn die Beteiligten nicht Staatsangehörige eines Vertragsstaates sind oder das auf Grund der vorangehenden Artikel anwendbare Recht nicht das eines Vertragsstaates ist.

Ähnlich lautet Art. 11 der Convention de la Haye sur la loi applicable en matière d'accidents de la circulation routière[97]:

L'application des articles 1 à 10 de la présente convention est indépendante de toute condition de réciprocité. La convention

---

halten auch der Vertrag über das internationale Handelsrecht vom 19. 3. 1940 (*Makarov* aaO., Bd. II, Nr. 307, S. 734) und der Vertrag über das internationale Handelsschiffahrtsrecht vom selben Datum (*Makarov* aaO., Bd. II, Nr. 324, S. 774).

[91] Rev.dr.int.pr. XXIII 1928, 545.

[92] Vgl. A. *Philip*, The Skandinavian Conventions on Private International Law, RdC 96 (1959 I), 245 ff.

[93] Rev.cr.dr.int.pr. 40, 1951, 710.

[94] Rev.cr.dr.int.pr. aaO.; K. H. *Nadelmann*, Méthodes d'unification du droit international privé, Rev.cr.dr.int.pr. 47, 1958, 37 ff., 46 ff.

[95] Nach R. *Nolde*, La codification du droit international privé, RdC 55 (1936 I), 301 ff. ist allerdings ein solcher Verzicht auf die Gegenseitigkeit bei Rechtsvereinheitlichungsverträgen erst seit 1936 festzustellen.

[96] BGBl. 1965 II 1145; vgl. G. A. *Droz*, Les nouvelles règles de conflit françaises en matière de forme des testaments (Entrée en vigueur de la Convention de la Haye sur les conflits en matière de forme des dispositions testamentaires), Rev.cr.dr.int.pr. 1968, 1 ff., 21.

[97] Clunet 1969, 14; Y. *Loussouarn*, Clunet 1969, 1 ff.; Conf. de la Haye, Actes et Doc. 11e session, t. I, p. 31.

s'applique même si la loi applicable n'est pas celle d'un Etat contractant.

Die Convention sur la loi applicable aux ventes à caractère international d'objets mobiliers corporels von 1951 gilt nach ihrem Art. 1 zwar nur für „internationale" Käufe, bestimmt aber im Art. 7:

> Die Vertragsstaaten sind übereingekommen, die Bestimmungen der Artikel 1 bis 6 der vorliegenden Konvention zum nationalen Recht ihrer Länder zu machen.

Das bedeutet, daß diese Bestimmung an die Stelle der nationalen IPR-Regeln treten und wie diese ohne Gegenseitigkeitserfordernis gelten sollen[98]. Dieselbe Bestimmung enthält Art. 8 des Projet de Convention sur la loi applicable au transfert de la propriété en cas de vente à caractère international d'objets mobiliers corporels[99].

Das Abkommen über Bestimmungen auf dem Gebiet des Internationalen Scheckprivatrechts vom 19. März 1931[100] und das Abkommen über Bestimmungen auf dem Gebiet des internationalen Wechselprivatrechts vom 7. Juni 1930[101] enthalten keine ausdrücklichen Bestimmungen über die Gegenseitigkeit. Daß die Gegenseitigkeit prinzipiell ausgeschlossen ist, ergibt sich aber aus der Tatsache, daß die Art. 9 bzw. 10 dieser Abkommen den Vertragsstaaten das Recht *vorbehalten,* die nach diesem Abkommen maßgebenden Bestimmungen des IPR nicht zur Anwendung zu bringen, soweit es sich entweder um eine außerhalb des Gebiets der Hohen Vertragschließenden Teile ergangene Scheck- bzw. Wechselverpflichtung oder um ein nach diesen Bestimmungen anwendbares Recht handelt, das nicht das Recht eines Hohen Vertragschließenden Teiles ist.

Die meisten Verträge über die Vereinheitlichung des IPR verzichten dagegen auf die Gegenseitigkeit nicht. In zahlreichen Abkommen kommt der Gedanke zum Ausdruck, daß der Staat, auf dessen Rechtsordnung die Regeln des vertraglichen IPR verweisen, unter Ausschluß aller anderen oder neben anderen Zuordnungskriterien Vertragspartner sein muß. Im Bereich der IPR-Verträge wird dabei auf die Formel zurückgegriffen, daß der Staat, auf dessen Recht die Vertragsregeln verweisen, Vertragspartner sein muß. Auf das IPR der Anwendungsstaaten kommt

---

[98] Vgl. Conf. de la Haye, Actes de la 7e session 1951, p. 74 ss.; H. *Dölle,* RabelsZ 17, 1952, 161 ff., 182; G. A. L. *Droz,* Rev.cr.dr.int.pr. 53, 1964, 663 ff., 668 f.; M. *Gutzwiller,* SchwJIR VIII 1951, 149 ff., 159 f.; A. *Piot,* Clunet 84, 1957, 948 ff., 960.

[99] SchwJIR XIII 1956, 217 ff.

[100] RGBl. 1933 II 595.

[101] RGBl. 1933 II 445.

1. Vertragsklauseln, die sich auf „Staatselemente" beziehen

es dagegen nach keinem Vertrag an[102]. Dieses Zuordnungskriterium wäre natürlich bei allen IPR-Verträgen möglich[103].

Daß der Staat, auf den die Bestimmungen des vertraglichen IPR verweisen, Vertragspartner ist, verlangen etwa Art. 6 des Übereinkommens über das auf Unterhaltsverpflichtungen gegenüber Kindern anzuwendende Recht vom 24. Oktober 1956[104] und Art. 10 des Abkommens betreffend den Geltungsbereich der Gesetze in Ansehung der Wirkungen der Ehe auf die Rechte und Pflichten der Ehegatten in ihren persönlichen Beziehungen und auf das Vermögen der Ehegatten vom 17. Juli 1905[105]. Die Vertragspartnerschaft dieser Staaten, aber auch noch anderer Staaten verlangen etwa Art. 9 des Abkommens zur Regelung des Geltungsbereichs der Gesetze und der Gerichtsbarkeit auf dem Gebiet der Ehescheidung und der Trennung von Tisch und Bett vom 12. Juni 1902[106] und Art. 8 des Abkommens zur Regelung der Gesetze des Geltungsbereichs der Gesetze auf dem Gebiet der Eheschließung vom selben Datum[107]. Auch die Verträge, welche zwar die Gegenseitigkeit grundsätzlich ausschließen, aber den Staaten gestatten, die Anwendung des Vertrages auszuschließen, wenn der Staat, auf dessen Rechtsordnung die Bestimmungen des Abkommens verweisen, nicht Vertragspartner ist[108] oder die ausdrücklich hervorheben, daß es auf die Vertragspartnerschaft dieser Staaten nicht ankommt[109], lassen erkennen, daß dieses Kriterium eine mögliche natürliche Anknüpfung enthält.

Meist knüpfen die auf die Gegenseitigkeit abhebenden IPR-Verträge aber an bestimmte tatsächliche Zuordnungskriterien an:

Recht vielfältig sind die Anknüpfungspunkte in den Verträgen über die Vereinheitlichung des IPR auf dem Gebiet des *Eherechts*. Das Abkommen zur Regelung des Geltungsbereichs der Gesetze auf dem

---

[102] Siehe hierzu unten III 5 b (5).
[103] Dasselbe Ergebnis wie mit diesem Zuordnungskriterium wird erreicht, wenn die Anknüpfungspunkte der IPR-Regeln und die Zuordnungskriterien des Anwendungsbereichs übereinstimmen, wenn also etwa einerseits auf eine bestimmte Materie das Recht des Aufenthaltsstaates anwendbar ist und andererseits der Vertrag nur Anwendung findet, wenn der Aufenthaltsstaat Vertragspartner ist.
[104] BGBl. 1961 II 1013.
[105] RGBl. 1912, 453.
[106] *Makarov* aaO. Bd. II, Nr. 249, S. 602.
[107] RGBl. 1904, 221.
[108] So die Abkommen über das internationale Wechsel- und Scheckprivatrecht, s. o. Anm. 100 f.
[109] Übereinkommen über das auf die Form letztwilliger Verfügungen anzuwendende Recht vom 5.10.1961 (BGBl. 1965 II 1145), Convention sur la loi applicable en matière d'accidents de la circulation routière, oben Anm. 97.

32   I. Die Zuordnungskriterien in den einzelnen Vertragsmaterien

Gebiet der Eheschließung vom 12. Juni 1902[110] bestimmt in seinem Art. 8, daß dieses Abkommen nur auf solche Ehen Anwendung findet, welche im Gebiet der Vertragsstaaten[111] zwischen Personen geschlossen sind, von denen mindestens eine Angehöriger eines Vertragsstaates ist; überdies sind die Staaten nicht zur Anwendung des Abkommens verpflichtet, wenn das Gesetz, auf welches der Vertrag verweist, nicht das Gesetz eines Vertragspartners ist[112]. Nur auf die Staatsangehörigkeit der Partei, welche vor den Behörden eines Vertragsstaates die Ehe eingehen will, stellt dagegen etwa Art. I des Nordischen Familienrechtsabkommens ab[113].

Das Abkommen betreffend den Geltungsbereich der Gesetze in Ansehung der Wirkungen der Ehe auf die Rechte und Pflichten der Ehegatten in ihren persönlichen Beziehungen und auf das Vermögen der Ehegatten vom 17. Juli 1905[114] stellt im Art. 10 nur darauf ab, daß das nach dem Vertrag anzuwendende Gesetz zur Rechtsordnung eines Vertragspartners gehört. Das bedeutet aber konkret, daß hinsichtlich der Wirkungen auf das Vermögen der Heimatstaat des Mannes, hinsichtlich der Form des Ehevertrages der Staat, in dem dieser Vertrag geschlossen wurde, Vertragspartner sein muß. Dagegen beschränkt sich die Anwendbarkeit des Nordischen Familienrechtsabkommens auf die Fälle, in denen beide Ehepartner Staatsangehörige von Vertragsparteien sind[115].

Das Abkommen zur Regelung des Geltungsbereichs der Gesetze und der Gerichtsbarkeit auf dem Gebiet der Ehescheidung und der Trennung von Tisch und Bett vom 12. Juni 1902[116] findet nur auf solche Scheidungs- und Trennungsklagen Anwendung, welche in einem der Vertragsstaaten erhoben werden[117], und zwar nur dann, wenn mindestens eine Partei einem Vertragsstaat angehört; kein Staat verpflichtet sich, ein Gesetz anzuwenden, welches nicht zur Rechtsordnung eines Vertragspartners gehört[118]. Das Nordische Familienrechtsabkommen vom 6. Februar 1931 fordert dagegen, daß beide Parteien

---

[110] RGBl. 1904, 221.

[111] Deshalb wurde dieses Abkommen nicht angewendet in den vom RG 4.5.1933 (IPR-Rspr. 1933 Nr. 92 S. 177) und vom BG 11.11.1954 (Caliaro, BGE 8 I 1954, 427 ff.) entschiedenen Fällen.

[112] Deshalb wurde dieses Abkommen wohl nicht angewendet vom RG 15.12.1930 (IPR-Rspr. 1931 Nr. 58 S. 118) und vom LG Hanau 25.6.1962 (IPR-Rspr. 1962/3 Nr. 91 S. 179).

[113] Vom 6.2.1931, Zeitschr. f. int. Recht 44, 1931, 354.

[114] RGBl. 1912, 453.

[115] Zeitschr. f. int. Recht 44, 1931, 354.

[116] *Makarov* aaO., Bd. II Nr. 249.

[117] Zu dieser Fallgruppe vgl. oben Anm. 71.

[118] Vgl. etwa RG 4.5.1933, IPR-Rspr. 1933, Nr. 92, S. 177.

1. Vertragsklauseln, die sich auf „Staatselemente" beziehen 33

Angehörige von Vertragsstaaten sind[119]. Im Avant-Projet I du 15 octobre 1965 sur la reconnaissance des divorces et des séparations de corps acquis à l'étranger[120] blieb zunächst offen, ob nur die von einem Vertragsstaat oder auch von Nichtvertragsstaaten erlassenen Urteile anzuerkennen sind; das Avant-Projet II vom 9. Juni 1967[121] beschränkt die Anerkennung auf Scheidungen, die „acquis dans un Etat contractant" sind.

Das Übereinkommen über das auf Unterhaltsverpflichtungen gegenüber Kinder anwendbare Recht vom 24. Oktober 1956[122] findet nach seinem Art. 6 nur auf Fälle Anwendung, in denen das in Art. 1 bezeichnete Recht das Recht eines Vertragsstaates ist; nach Art. 1 findet auf die Unterhaltsklage das Recht des gewöhnlichen Aufenthalts des Kindes Anwendung. Sowohl für die Anknüpfung des IPR als auch für die Zuordnung im Rahmen der Anwendung spielten also die Staatsangehörigkeit oder der Wohnort der Eltern, die Staatsangehörigkeit und der Wohnort des Kindes keine Rolle[123]. Anknüpfungspunkt und Zuordnungskriterium sind also deutlich von der modernen Entwicklung des IPR in dieser Materie bestimmt, allein auf die Situation des Kindes abzustellen und dabei den gewöhnlichen Aufenthalt in den Vordergrund zu rücken. Die Frage, ob dieser Staat wirklich begünstigt oder andere belastet werden, spielt also für die Bestimmung dieses Zuordnungskriteriums keine entscheidende Rolle. Völlig andere Zuordnungskriterien verwendet dagegen Art. 1 Abs. I des Übereinkommens über die Geltendmachung von Unterhaltsansprüchen im Ausland[124, 125], das nur auf Unterhaltsansprüche anzuwenden ist, die eine Person, welche sich im Hoheitsgebiet einer Vertragspartei befindet, gegen eine andere Person erhebt, die der Gerichtsbarkeit einer anderen Vertragspartei untersteht. Das Haager Übereinkommen vom 15. April 1958 über die Anerkennung und Vollstreckung von Entscheidungen auf dem Gebiet der Unterhaltspflicht gegenüber Kindern[126] setzt voraus, daß die Entscheidung durch einen Vertragsstaat erlassen wurde; auch hier

---

[119] Zeitschr. f. int. Recht 44, 1931, 345.
[120] Conf. de la Haye, Actes et Doc. 11e session, t. II, p. 13.
[121] aaO., S. 50, 24.
[122] BGBl. 1961 II 1013.
[123] Nach dem Bericht der Commission spéciale (Conf. de la Haye, Doc. de la 8e session 1956, p. 131) standen drei Systeme zur Auswahl: 1) die résidence habituelle; 2) die Staatsangehörigkeit; 3) der Verzicht auf die Gegenseitigkeit. Das System 1) stelle ebenso wie das System 2) auf die Gegenseitigkeit ab, habe aber den Vorteil, die Schwierigkeiten der Staatsangehörigkeitsbestimmung zu umgehen.
[124, 125] BGBl. 1959 II 151; vgl. auch das UN-Übereinkommen vom 20. 6. 1956 über die Geltendmachung von Unterhaltsansprüchen im Ausland (BGBl. 1959 II 150).
[126] BGBl. 1961 II 1005.

drängt die natürliche Anknüpfung an die „Staatsangehörigkeit" des Hoheitsaktes andere mögliche Zuordnungskriterien zurück.

Nach Art. 1 der Convention concernant la compétence des autorités la loi applicable et la reconnaissance des décisions en matière d'adoption vom 28. Oktober 1964[127] ist dieses Abkommen anzuwenden, wenn die Adoptierenden und das Kind sowohl die Staatsangehörigkeit eines Vertragsstaates besitzen als auch ihren gewöhnlichen Aufenthalt in einem Vertragsstaat haben. Art. 11 des Nordischen Familienrechtsabkommens vom 6. Februar 1931[128] verlangt zwar ebenfalls die Staatsangehörigkeit und den Aufenthalt in einem Vertragsstaat für die Adoptierenden, begnügt sich aber beim Kind mit der Staatsangehörigkeit eines Vertragsstaates.

Nach Art. 9 des Abkommens zur Regelung der Vormundschaft über Minderjährige vom 12. Juni 1902[129] findet dieser Vertrag nur Anwendung auf die Vormundschaft über Minderjährige, welche einem Vertragsstaat angehören und ihren gewöhnlichen Aufenthalt auf dem Gebiet eines Vertragsstaats haben, begnügt sich aber für bestimmte Vorschriften mit der Staatsangehörigkeit[130]. Das Nordische Familienrechtsabkommen[131] ist dagegen nur auf Minderjährige anzuwenden, die Staatsangehörige eines Vertragsstaates und in einem anderen Vertragsstaat wohnhaft sind. Art. 13 Abs. 1 der Convention concernant la compétence des autorités et la loi applicable en matière de protection des mineurs vom 26. Oktober 1960[132] ist schließlich auf Minderjährige anwendbar, die in einem Vertragsstaat ihren gewöhnlichen Aufenthalt haben; hier spielt die Staatsangehörigkeit nur eine Nebenrolle[133]. Das Abkommen über die Entmündigung und gleichartige Fürsorgemaßregeln vom 28. November 1923[134] beschränkt sich auf Staatsangehörige eines Vertragsstaats, die ihren gewöhnlichen Aufenthalt im Gebiet eines Vertragsstaates haben.

---

[127] Conf. de la Haye, Actes et. Doc. 10e session, t. II, p. 399 = SchwJIR XXII 1965, 225.

[128] Zeitschr. f. int. Recht 44, 1931, 354.

[129] RGBl. 1904, 240.

[130] Das OLG Hamm hält in einer Entscheidung vom 7. 12. 1962 (IPR-Rspr. 1962/3, 306) ohne Rückgriff auf einen konkreten Vertrag die amerikanische Staatsangehörigkeit eines in der Bundesrepublik sich aufhaltenden Minderjährigen für die „natürliche" Zuordnung von Fragen der elterlichen Gewalt und untersucht deshalb, ob zwischen der Bundesrepublik Deutschland und den USA ein Vertragsverhältnis bestehe. Angesichts des oben dargestellten Wechsels der Zuordnungskriterien in den einzelnen Abkommen ist diese Auffassung nicht zu halten.

[131] Zeitschr. f. int. Recht 44, 1931, 354.

[132] Conf. de la Haye, Actes et Doc. de la 9e session, t. IV, p. 213.

[133] Vgl. im einzelnen oben Anm. 38.

[134] RGBl. 1912, 413.

1. Vertragsklauseln, die sich auf „Staatselemente" beziehen

Auch im Bereiche des *Erbrechts* verwenden die IPR-Verträge sehr unterschiedliche Kriterien für die Zuordnung. Nach Art. 6 des Übereinkommens über das auf die Form letztwilliger Verfügungen anzuwendende Recht vom 5. Oktober 1961[135] hängt die Anwendung des Vertrages nicht von der Gegenseitigkeit ab. Es ist also nicht erforderlich, daß die Beteiligten (Erblasser, gesetzliche oder testamentarische Erben, Vermächtnisnehmer, Ehefrau) die Staatsangehörigkeit eines Vertragsstaates besitzen, ihren Wohnsitz oder ihren Aufenthalt in einem Vertragsstaat hatten oder haben, oder das auf Grund des Art. 1 anwendbare Recht zur Rechtsordnung eines Vertragspartners gehört[136]. Dagegen ist nach Art. 14 des Projet de Convention sur les conflits de lois et de juridiction en matière de succession et de testaments[137] dieses Abkommen nur anzuwenden, wenn der Verstorbene im Augenblick seines Todes entweder die Staatsangehörigkeit eines Vertragsstaats besaß oder in einem Vertragsstaat seinen gewöhnlichen Aufenthalt hatte; Urteile werden nach diesem Abkommen allerdings nur vollstreckt, wenn sie von einem Vertragsstaat erlassen wurden.

Art. 7 des Projet de Convention pour régler les conflits entre la loi nationale et la loi du domicile[138] lautet:

Aucun Etat contractant ne s'oblige à appliquer les dispositions de la présente Convention lorsque l'Etat où la personne intéressée est domiciliée ou l'Etat dont cette personne est ressortissant n'est pas un Etat contractant.

Die Abkommen über die Anerkennung und Vollstreckung von *Schiedssprüchen* beziehen sich stets nur auf „ausländische" Schiedssprüche. Für diese Eigenschaft werden allerdings im IPR der einzelnen Staaten höchst unterschiedliche Anknüpfungen hervorgehoben: die Staatsangehörigkeit, der Wohnsitz oder der gewöhnliche Aufenthalt einer oder beider Parteien, die Staatsangehörigkeit der Richter und insbesondere des Vorsitzenden, der Sitz des Schiedsgerichts, der Ort, an dem das Verfahren ablief oder die Entscheidung erlassen wurde, der Staat, nach dessen Rechtsordnung sich das Verfahren oder die materielle Entscheidung richtet usw.[139]. Die Übereinkommen lassen die Frage,

---

[135] BGBl. 1965 II 1145.
[136] Vgl. *Droz*, Rev.cr.dr.int.pr. 1968, 1 ff., 21.
[137] Conf. de la Haye, Actes de la 7e session 1951, p. 64.
[138] Conf. de la Haye, Actes de la 7e session 1951, p. 388.
[139] Vgl. etwa Ch. N. *Fragistas*, Rev.cr.dr.int.pr. 49, 1960, 1 ff.; R. *Kaiser*, Das europäische Abkommen über die internationale Schiedsgerichtsbarkeit vom 21. 4. 1961, 1967, 56 ff.; B. *Goldman*, RdC 1963 II 106 (1963 II), 351 ff., 361 f.; OLG Frankfurt 10. 12. 1958, NJW 1959, 1088 = IPR-Rspr. 1958/9, Nr. 198, S. 641.

wann ein ausländisches Urteil vorliegt, manchmal offen[140]. Werden diese Anknüpfungspunkte aber festgelegt, stimmen sie in der Regel mit Zuordnungspunkten für die Gegenseitigkeit überein; die Internationalität und die Zuordnungskriterien für die Gegenseitigkeit werden dabei wie bei anderen Rechtsvereinheitlichungsabkommen in einer einzigen Klausel festgelegt. Auch für die Zuordnung kommen theoretisch alle oben genannten Anknüpfungspunkte der Internationalität der Entscheidung in Frage. In der Praxis stehen allerdings im Vordergrund die Staatsangehörigkeit, der Wohnsitz oder der gewöhnliche Aufenthalt der Parteien und der Ort, an dem die Schiedsentscheidung erlassen wurde. Im einzelnen sind die Anknüpfungs- und Zuordnungskriterien allerdings häufig recht unterschiedlich:

Neuere Entwürfe versuchen, die Abkommen von der Gegenseitigkeit zu lösen. Das gilt etwa für das Projet de Convention européenne portant loi uniforme en matière d'abitrage[141]. Andere Entwürfe oder Abkommen verzichten zwar auf die Gegenseitigkeit, gestatten aber den Staaten, ihre Anwendung von einer bestimmten Zuordnung abhängig zu machen. Das gilt etwa für die Draft Convention on the recognition and enforcement of foreign abritral awards (ECOSOC-Entwurf)[142] und die New Yorker Konvention vom 10. Juni 1958 über die Anerkennung und Vollstreckung der ausländischen Schiedssprüche[143], nach dessen Art. 1 Abs. 1 der Schiedspruch in einem fremden Staat ergangen sein muß, und dessen Abs. 2 gestattet, die Anwendung davon abhängig zu machen, daß dieser fremde Staat Vertragspartner ist. Die Zuordnung nach dem Staat, in dessen Gebiet der Schiedsspruch ergangen ist, findet sich auch in bilateralen Verträgen[144].

Das Genfer Protokoll über die Schiedsklauseln vom 24. September 1923[145] regelt die Anerkennung von Schiedsabreden und Schiedsklauseln. Für die Anwendung ist erforderlich, daß diese Verträge zwischen Personen geschlossen sind, die „der Gerichtsbarkeit der vertrags-

---

[140] Etwa das europäische Übereinkommen von 1961, s. o. *Kaiser* aaO.

[141] Union Internationale des Avocats, Arbitrage international commercial, Bd. 3, 1965, S. 401.

[142] F. *Eisemann* — E. *Mezger* — D. J. *Schottelius*, Internationale Schiedsgerichtsbarkeit in Handelssachen, 1958, S. 61.

[143] Clunet 1960, 600; BGBl. 1962 II 102: die Bundesrepublik hat dort einen solchen Vorbehalt gemacht. Deshalb konnte das Hans. OLG 15. 4. 1964 (IPR-Rspr. 1964/5, Nr. 275, S. 786) das Abkommen auf einen in Großbritannien ergangenen Schiedsspruch nicht anwenden.

[144] Vgl. Titel III des Abkommens vom 30. 6. 1958 über die gegenseitige Anerkennung und Vollstreckung von gerichtlichen Entscheidungen, Schiedssprüchen und öffentlichen Urkunden in Zivil- und Handelssachen zwischen der Bundesrepublik Deutschland und dem Königreich Belgien (BGBl. 1959 II 765).

[145] RGBl. 1925 II 289.

1. Vertragsklauseln, die sich auf „Staatselemente" beziehen 37

schließenden Staaten unterworfen" sind. Dabei muß es sich wohl um verschiedene Vertragsstaaten handeln; so wird mit der Internationalität gleichzeitig die Gegenseitigkeit geregelt[146]. Äußerst umstritten ist, ob die „Unterwerfung unter die Gerichtsbarkeit" auf die Staatsangehörigkeit, den Wohnsitz oder den gewöhnlichen Aufenthalt abhebt[147] oder ob diese Formel den Staaten gar bewußt einen Entscheidungsspielraum offen halten soll[148]. Auf der anderen Seite bestimmt Art. 1 des Protokolls ausdrücklich, daß es auf den Ort, an dem das Verfahren abgelaufen ist, nicht ankommt. Dieses Protokoll wurde durch das Genfer Abkommen zur Vollstreckung ausländischer Schiedssprüche vom 26. September 1927[149] ergänzt, nach dem ein Schiedsspruch, der auf Grund einer Schiedsabrede oder Schiedsklausel nach dem Genfer Protokoll ergangen ist, als wirksam anerkannnt und vollstreckt wird, wenn er im Gebiet eines der Hohen Vertragsschließenden Teile, auf das dieses Abkommen anzuwenden ist, und zwischen Personen ergangen ist, die der Gerichtsbarekit der Hohen Vertragsschließenden Teile unterstehen. Angesichts der Unsicherheit der Formel „Personen, die der Gerichtsbarkeit der Vertragsstaaten unterstehen" verlangen spätere Abkommen teilweise, daß die Parteien in zwei Vertragsstaaten ihren gewöhnlichen Aufenthalt haben. Eine solche Anknüpfung findet man etwa im Avant-Projet d'une loi uniforme sur l'arbitrage dans les rapports internationaux de droit privé[150] und im Europäischen Übereinkommen vom 21. April 1961 über die internationale Handelsschiedsgerichtsbarkeit[151]. Diese Konkretisierung auf den gewöhnlichen Aufenthalt ist aber nicht einheitlich. Das Abkommen vom 25. April 1958 über allgemeine Fragen des Handels und der Schiffahrt zwischen der Bundesrepublik Deutschland und der UdSSR[152] etwa betrifft nur Schiedsverfahren zwischen den Staatsangehörigen beider Staaten; auf der anderen Seite spielt hier keine Rolle, ob das Urteil in diesen Staaten oder in einem Nichtvertragsstaat ergangen ist. Wieder anders knüpft das deutsch-schweizerische Abkommen über die gegenseitige Anerkennung und Vollstreckung von gerichtlichen Entscheidungen und Schiedssprüchen vom 2. November 1929[153] an, nach dessen Art. 9 im Verhältnis

---

[146] H.-W. *Greminger,* Die Genfer Abkommen von 1923 und 1927 über die internationale private Schiedsgerichtsbarkeit, 1957, S. 13.
[147] Vgl. *Greminger* aaO., S. 13 ff. Zur Anwendung vgl. ferner Hans. OLG 10.9.1964 (IPR-Rspr. 1964/5, Nr. 276, S. 791); LG Altona 20.5.1931 (IPR-Rspr. 1931, Nr. 69, S. 138).
[148] E. *Mezger,* RabelsZ 24, 1959, 222 ff., 226.
[149] RGBl. 1930 II 1068.
[150] SchwJIR IX 1952, 66.
[151] BGBl. 1964 II 427.
[152] BGBl. 1959 II 223.
[153] Zeitschr. f. int. Recht 47, 1933, 260.

zwischen den beiden Staaten das Genfer Abkommen von 1927 mit der Maßgabe gilt, daß es ohne Rücksicht auf die in Art. 1 Abs. 1 daselbst aufgestellte Beschränkung auf alle in einem der beiden Staaten ergangenen Schiedssprüche Anwendung findet; es ist also nicht erforderlich, daß die Parteien der Gerichtsbarkeit von Vertragsstaaten des Genfer Abkommens oder gar der deutschen oder schweizerischen Gerichtsbarkeit unterstehen.

b) Andere Rechtsvereinheitlichungsverträge beschränken sich nicht auf das IPR, sondern erstrecken sich auf das materielle Recht in einem bestimmten Bereich. Diese Abkommen scheinen weniger häufig auf die Gegenseitigkeit zu verzichten als die IPR-Verträge. Auch hier sind die Zuordnungskriterien für die Gegenseitigkeit in den einzelnen Materien sehr unterschiedlich. Die Gegenseitigkeit ist andererseits auch hier häufig mit der Beschränkung auf internationale Sachverhalte verknüpft. Ferner tritt hier das Problem der „Vorschaltlösung", also die Frage auf, ob der Vertrag stets als lex fori oder als das Recht des Staates angewendet werden muß, auf den die nationalen oder vertraglichen IPR-Regeln in dieser Materie verweisen. Die Probleme der Internationalität, der Gegenseitigkeit und der Vorschaltlösung stehen dabei nicht nur in der Form der vertraglichen Regelung in einem engen Zusammenhang. Diese Problematik kann erst später vertieft werden[154].

Die Verträge über das internationale Kaufrecht sind nur auf internationale Sachverhalte anwendbar. Der Vertrag über das auf internationale Kaufverträge anwendbare Recht von 1951[155] definiert diese Internationalität nicht näher; es kann also auf zahlreiche Anknüpfungspunkte wie die Zuordnung des Vertrages zu einer ausländischen Rechtsordnung durch das nationale IPR oder den Willen der Vertragsparteien, auf die Staatsangehörigkeit, den Wohnsitz, den gewöhnlichen Aufenthalt einer oder beider Parteien, den Ort des Vertragsschlusses, den Ort der Leistung, den Transport der Waren von einem zum anderen Staat usw. ankommen[156]. Die Convention portant loi uniforme sur la vente internationale des objets mobiliers corporels von 1964[157] definiert dagegen diese Internationalität. Es kommt darauf an, daß die Parteien des Kaufvertrags ihre Niederlassung oder ihren gewöhnlichen Aufenthalt in den Gebieten verschiedener Staaten haben und entweder die Ware von einem Staat in einen anderen transportiert oder das Angebot und die Annahme in zwei verschiedenen Staaten erfolgen oder der Ort

---

[154] s. u.
[155] SchwJIR VIII 1951, 163.
[156] Vgl. H. *Dölle*, RabelsZ 17, 1952, 161 ff., 182 f.; G. A. L. *Droz*, Rev.cr.dr. int.pr. 53, 1964, 663.
[157] BGBl. 1973 II 885 = RabelsZ 29, 1965, 166.

1. Vertragsklauseln, die sich auf „Staatselemente" beziehen 39

der Erfüllung in einem anderen Staat liegt als der Ort, an dem der Vertrag geschlossen wurde.

Auch als Zuordnungskriterien für die Gegenseitigkeit kommen bei internationalen Kaufverträgen theoretisch alle oben für die Internationalität genannten Anknüpfungspunkte in Frage, die ihrerseits wieder mit den möglichen Anknüpfungspunkten des IPR zusammenfallen. Beschränkt man die Definition der Internationalität auf bestimmte Anknüpfungspunkte, liegt es nahe, für die Gegenseitigkeit dieselben Zuordnungen heranzuziehen. Die Convention von 1964 verzichtet dagegen grundsätzlich auf jede Gegenseitigkeit[158]. Ihr Art. III gestattet den Staaten aber, Art. 1 der loi uniforme dahin zu fassen, daß die Parteien ihre Niederlassung oder mangels Niederlassung ihren gewöhnlichen Aufenthalt auf dem Gebiet verschiedener Vertragsstaaten haben. So wird als nur einer der Anknüpfungspunkte für die Internationalität als Zuordnungskriterium für die Gegenseitigkeit herangezogen[159].

Einer der anderen Zuordnungskriterien für die Internationalität des Kaufes ist bei der Convention von 1964 der Transport von einem Staat in den anderen. Bei den Verkehrsverträgen rückt dieser Gesichtspunkt auch für die Gegenseitigkeit in den Vordergrund. Wir finden hier also eine ähnliche Verdrängung anderer Kriterien wie bei den Handelsverträgen[160]. Das gilt nicht nur für den Post-[161] und Fernmeldeverkehr[162], bei denen immer erforderlich ist, daß die beteiligten Verwaltungen Vertragsstaaten angehören, sondern auch für die Abkommen über Beförgerungsverträge im Luft-, Eisenbahn- und Straßenverkehr. Diese Verträge finden ihr Vorbild in Art. 1 des Abkommens zur Vereinheitlichung von Regeln über die Beförderung im internationalen Luftverkehr (Warschauer Abkommen)[163]. Danach gilt dieses Abkommen für jede internationale Beförderung von Personen, Reisegepäck oder Sachen, wobei eine Beförderung dann als international anzusehen ist, wenn nach den Vereinbarungen der Parteien der Abgangsort und der Bestimmungsort in den Gebieten von zwei Vertragsstaaten liegt oder wenn dieser Ort zwar im Gebiet nur eines Vertragsstaates liegt, aber eine Zwischen-

---

[158] s. u. III 5 b (4).
[159] Demselben Muster folgt die Convention portant loi uniforme sur la formation des contrats de vente internationale des objets mobiliers corporels, RabelsZ 29, 1965, 210 ff.
[160] s. o.
[161] Weltpostvertrag 11. 7. 1952, BGBl. 1960 II 702; dazu insbes. auch OLG Braunschweig 27. 6. 1932 (IPR-Rspr. 1932, Nr. 54, S. 118).
[162] Internationaler Fernmeldevertrag vom 21. 12. 1959 (BGBl. 1962 II 2174).
[163] Vom 12. 10. 1929, RGBl. 1933 II 1040; Haager Fassung 1955: BGBl. 1958 II 312.

landung im Gebiet eines anderen Staates vorgesehen ist, selbst wenn dieser Staat kein Vertragspartner ist. Das Übereinkommen über den Beförderungsvertrag im internationalen Straßengüterverkehr (CMR) vom 19. Mai 1956[164] findet nach seinem Art. 1 Abs. 1 Anwendung, wenn der Ort der Übernahme des Gutes und der für die Ablieferung vorgesehene Ort, wie sie im Vertrag angegeben sind, in zwei verschiedenen Staaten liegen, von denen mindestens einer ein Vertragsstaat ist[165]; dies gilt ohne Rücksicht auf die Staatsangehörigkeit der Parteien. Dagegen verlangt Art. 1 des Internationalen Übereinkommens über den Eisenbahnfrachtverkehr (CIM) vom 25. Februar 1961[166], daß nach dem Frachtbrief die Beförderung auf einem Weg stattfindet, der das Gebiet mindestens zweier Vertragsstaaten berührt[167].

Das Avant-Projet de Convention internationale relative au contrat de voyage de l'Institut pour l'unification du droit privé[168] ist nach seinem Art. 2 anwendbar auf alle Reiseverträge, die von einem Reisebüro abgeschlosesn werden, das seine Hauptniederlassung in einem Vertragsstaat hat oder das beim Abschluß des Vertrages in einem Vertragsstaat aufgetreten ist; der Wohnsitz oder die Staatsangehörigkeit der Parteien, der Zielort der Reise sind irrelevant.

Das internationale Abkommen zur Vereinheitlichung von Regeln über Konnossemente vom 25. August 1924[169] findet nach Art. 10 auf jedes Konnossement Anwendung, das in einem Vertragsstaat ausgestellt ist. Das Übereinkommen über die Haftung der Gastwirte von für die von ihren Gästen eingebrachten Sachen vom 17. Dezember 1962[170] schließlich enthält keine Bestimmungen über das Anwendungsgebiet.

---

[164] BGBl. 1961 II 1120.

[165] Und zwar selbst dann, wenn es sich nur um den Anwendungsstaat handelt: OLG Karlsruhe 24.5.1967 (SchwJZ 1968, 106 = IPR-Rspr. 1966, Nr. 40, S. 129); OLG Nürnberg 14.6.1965 (IPR-Rspr. 1965/5, Nr. 58, S. 194). Der Vertrag ist also nicht nur auf internationale Beförderungen anwendbar.

[166] BGBl. 1964 II 1521. Das Abkommen löst den Vertrag vom 25.10.1952 (BGBl. 1956 II 35) ab.

[167] Ebenso das Internationale Übereinkommen über den Eisenbahn-Personen- und Gepäckverkehr (CIV), BGBl. 1964 I 1899.

[168] RabelsZ 32, 1968, 741; dazu O. *Riese* aaO., S. 651 ff.

[169] RGBl. 1939 II 1052; vgl. J. *Van Ryn*, Clunet 91, 1964, 4 ff.

[170] BGBl. 1966 II 270.

II. Formen und Auswahlgesichtspunkte der Festlegung von Zuordnungskriterien

1. Die Form der Festlegung von Zuordnungskriterien

a) Zahlreiche mehrseitige und fast alle zweiseitigen Verträge legen ihren Anwendungsbereich „hinsichtlich der Vertragspartner" in den einzelnen Bestimmungen fest, welche die Rechte und Pflichten der Vertragsstaaten selbst regeln. So heißt es etwa in Niederlassungsverträgen, daß die Angehörigen der Vertragspartner das Recht haben, sich auf dem Gebiet der anderen Vertragspartner aufzuhalten, in Handelsabkommen, daß die aus einem Vertragsstaat stammenden Waren in die anderen Vertragsstaaten eingeführt werden können. Diese Methode hat den Vorteil, daß man bei Verträgen mit unterschiedlichen Materien jeder Klausel die ihrem Inhalt am besten entsprechenden Zuordnungskriterien beifügen kann. Sie wird deshalb vor allem dann benutzt, wenn die Materien eines Vertrages so vielfältig sind, daß einheitliche Zuordnungskriterien nicht mehr in Frage kommen, wenn man die natürlichen Zuordnungen nicht völlig vernachlässigen will. Das gilt etwa für die Freundschafts-, Handels- und Schiffahrtsverträge, in denen bei den Niederlassungsrechten die Staatsangehörigkeit in den Vordergrund rückt, bei den Schiffahrtsrechten die Registrierung der Schiffe, bei den Rechten der Konsularbeamten oder bei der Vollstreckung von Hoheitsakten die Zuordnung des Beamten bzw. des Hoheitsaktes[171]. Befolgt wird diese Methode etwa auch beim Übereinkommen über den Zivilprozeß vom 1. März 1954[172]: die Rechtshilfe-

---

[171] Vgl. etwa das Abkommen über die Assoziation zwischen der EWG und den mit dieser Gemeinschaft assoziierten afrikanischen Staaten und Madagaskar vom 20. 7. 1963 (BGBl. 1964 II 294); das Abkommen vom 25. 4. 1958 über allgemeine Fragen des Handels und der Schiffahrt zwischen der Bundesrepublik Deutschland und der UdSSR (BGBl. 1959 II 223); den Freundschafts-, Handels- und Schiedsvertrag vom 21. 11. 1957 mit Italien (BGBl. 1959 II 949); den Freundschafts-, Handels- und Schiffahrtsvertrag mit der Dominikanischen Republik vom 23. 12. 1957 (BGBl. 1959 II 1468); den Niederlassungs- und Schiffahrtsvertrag vom 27. 10. 1956 mit Frankreich (BGBl. 1957 II 1661); den Freundschafts-, Handels- und Schiffahrtsvertrag vom 29. 10. 1954 mit den USA (BGBl. 1956 II 487); das Handelsabkommen mit Ägypten (BGBl. 1952 II 525) und den vorläufigen Handelsvertrag vom 12. 2. 1951 mit Griechenland (BGBl. 1952 II 517).

[172] BGBl. 1958 II 577. Für mehrseitige Abkommen mit unterschiedlichen Zuordnungskriterien vgl. ferner etwa die Pariser Verbandsübereinkunft vom 20. 3. 1883 zum Schutz des gewerblichen Eigentums in der Fassung von 1925

II. Gesichtspunkte der Festlegung von Zuordnungskriterien

bestimmungen (Art. 1 ff.) beziehen sich auf die Rechtshilfe zwischen Vertragsstaaten, die Befreiung vom Kostenvorschuß und das Armenrecht (Art. 17 ff.) auf die Angehörigen von Vertragsstaaten.

Natürlich hat diese Methode auch ihre Nachteile. Einmal wird das Augenmerk vom Problemkreis des Anwendungsbereichs stärker abgewendet, so daß es wie etwa beim GATT vorkommt, daß einzelne Bestimmungen ihren Anwendungsbereich nicht umreißen. Insbesondere wenn die Kumulation von Zuordnungskriterien wünschenswert erscheint, wird die Einzelklausel, welche den Anwendungsbereich unmittelbar auf einzelne Rechte und Pflichten bezieht, ferner recht schwerfällig. Deshalb besteht vielleicht bei Verträgen dieser Art eine gewisse Tendenz, die nähere Bestimmung der Zuordnungskriterien der Praxis zu überlassen. Das gilt insbesondere für die Handelsverträge, die in der Regel auf den Warenursprung abstellen, diesen aber nicht näher definieren und ferner nicht klarstellen, ob die Bestimmung auch dann eingreift, wenn die Ware nicht unmittelbar aus dem Ursprungsland eingeführt wird[173].

b) Insbesondere bei den multilateralen Abkommen wird dagegen der Anwendungsbereich meist in einer Generalklausel festgelegt, die entweder am Anfang[174] oder am Ende[175] des Vertrages steht. Soweit sie den materiellen Vertragsvorschriften vorangestellt wird, steht sie entweder in einem selbständigen Titel mit der Überschrift „Geltungs-

---

(BGBl. 1928 II 176); das Nordische Familienrechtsabkommen vom 6. 2. 1931 (Zeitschr. f. int. Recht 44, 1931, 354) und den Code de droit international privé adopté à la Havane le 20 fevrier 1928 (Rev.dr.int.pr. 1928 XXIII 545), sowie das Projet de Convention élaboré par le Comité économique de la Société des Nations pour servir de base de discussion à la Conférence internationale (Rev.dr.int.pr. XXV 1930, 236).

[173] s. o. I 3.

[174] Alle im folgenden genannten Abkommen mit Ausnahme der Verträge in Fußnote 175.

[175] Art. 9 des Abkommens zur Regelung der Vormundschaft über Minderjährige vom 12. 6. 1902 (RGBl. 1904, 240); Art. 10 des Abkommens betr. den Geltungsbereich der Gesetze in Ansehung der Wirkungen der Ehe auf die Rechte und Pflichten der Ehegatten in ihren persönlichen Beziehungen und auf das Vermögen der Ehegatten vom 17. 7. 1905 (RGBl. 1912, 453); Art. 12 des Übereinkommens zur einheitlichen Feststellung von Regeln über den Zusammenstoß von Schiffen vom 23. 9. 1910 (RGBl. 1913, 49); Art. 15 des Übereinkommens zur einheitlichen Feststellung von Regeln über die Hilfeleistung und Bergung in Seenot vom 23. 9. 1910 (RGBl. 1913, 66); Art. 14 über die Entmündigung und gleichartige Fürsorgemaßregeln vom 28. 11. 1903 (RGBl. 1912, 463); Art. 10 des Internationalen Abkommens zur Vereinheitlichung von Regeln über Konnossemente (RGBl. 1939 II 1052) usw. In all diesen Verträgen steht die Gegenseitigkeitsklausel nach den materiellen Vertragsbestimmungen und vor den Vorschriften, welche den territorialen Anwendungsbereich, das Inkrafttreten, die Streitbeilegung regeln.

1. Die Form der Festlegung von Zuordnungskriterien

bereich"[176] oder „Anwendungsbereich"[177], oder aber im Text der Klausel wird eindeutig ausgesprochen, daß der Vertrag nur anzuwenden ist, wenn bestimmte Staaten Vertragspartner sind[178]. Im selbständigen Titel „Anwendungsbereich" werden dabei häufig auch andere Fragen des Anwendungsbereichs, etwa die Beschränkung auf bestimmte internationale Sachverhalte oder — bei Abkommen über Schiedssprüche — auf Handelssachen geregelt[179]. Schließlich gibt es Verträge, bei denen

---

[176] Vgl. etwa Art. 2 des Zollübereinkommens über den internationalen Warentransport mit Carnets TIR vom 15. 1. 1959 (BGBl. 1961 II 650); Kap. I des Übereinkommens über den Beförderungsvertrag im internationalen Straßengüterverkehr vom 19. 5. 1956 (BGBl. 1961 II 1120); das Internationale Übereinkommen über den Eisenbahn-Personen- und Gepäckverkehr (CIV, BGBl. 1964 II 1899); das Internationale Übereinkommen über den Freibord der Kauffahrteischiffe vom 5. 7. 1930 (RGBl. 1933 II 708); Teil I des Abkommens über die Arbeitsbedingungen der Rheinschiffer vom 21. 5. 1954 (BGBl. 1957 II 217). Vom „Wirkungsbereich" spricht etwa G. *Beitzke*, RabelsZ 33, 1969, 211.

[177] Vgl. etwa Art. 1 des Europäischen Übereinkommens über die Handelsschiedsgerichtsbarkeit. In der Lit. sprechen vom Anwendungsbereich etwa O. *Riese* (RabelsZ 29, 1965, 9 ff.; RabelsZ 32, 1968, 663); H. *Dölle* (RabelsZ 17, 1952, 182); Rapport de la Commission spéciale (Conf. de la Haye, 10e session, t. II, S. 92) sowie Conf. de la Haye, Doc. relatifs à la 8e session 1956, p. 123.

[178] Vgl. etwa § 1 des Internationalen Übereinkommens über den Eisenbahnfrachtverkehr CIM vom 25. 10. 1952 (BGBl. 1956 II 35); § 1 des Internationalen Übereinkommens über den Eisenbahn-, Personen- und Gepäckverkehr CIV vom 25. 10. 1952 (AA Bd. 9, Nr. A 91 S. 491); Art. 1 des Mehrseitigen Abkommens über gewerbliche Rechte im nichtplanmäßigen Luftverkehr in Europa vom 30. 4. 1956 (BGBl. 1959 II 823); Übereinkommen über die Geltendmachung von Unterhaltsansprüchen im Ausland (BGBl. 1959 II 151) usw. Eine Reihe von Verträgen sprechen in diesem Zusammenhang vom „Verbandsgebiet", vgl. etwa den Weltpostvertrag vom 11. 7. 1952, BGBl. 1954 II 1217; Art. 1 Abs. 1 der Pariser Verbandsübereinkunft zum Schutz des gewerblichen Eigentums (BGBl. 1961 II 274); Art. 1 der Berner Übereinkunft zum Schutz von Werken der Literatur und Kunst (BGBl. 1965 II 1214); der Internationale Fernmeldevertrag vom 21. 12. 1959 (BGBl. 1962 II 2174).

[179] In zahlreichen Verträgen, die sich auf internationale Sachverhalte beschränken, werden dieselben Anknüpfungen für die Internationalität und für die Zuordnung der Gegenseitigkeit verwendet; beide Probleme werden „ineinandergeschoben" (etwa: „Verkehr zwischen verschiedenen Vertragsstaaten"). Diese Formeln finden sich etwa in Art. 1 des Internationalen Übereinkommens über den Eisenbahnfrachtverkehr CIM vom 25. 10. 1952 (BGBl. 1956 II 35); Art. 1 des Internationalen Übereinkommens über den Eisenbahn-, Personen- und Gepäckverkehr CIV vom 25. 10. 1952 (BGBl. 1964 II 1899); Art. 1 Abs. 1 des Übereinkommens über die Geltendmachung von Unterhaltsansprüchen im Ausland (BGBl. 1959 II 151); Art. 2 des Zollübereinkommens über den internationalen Warentransport mit Carnets TIR vom 15. 1. 1959 (BGBl. 1961 II 650); Übereinkommen über den Beförderungsvertrag im internationalen Straßengüterverkehr CMR vom 19. 5. 1956 (BGBl. 1961 II 1120); Art. 1 des Mehrseitigen Übereinkommens über Lufttüchtigkeit eingeführter Luftfahrzeuge vom 22. 4. 1960 (BGBl. 1962 II 24); Art. 1 Abs. 2 des Europäischen Abkommens über die Zollbehandlung von Paletten, die im internationalen Verkehr verwendet werden, vom 9. 12. 1960 (BGBl. 1964 II 407); Art. 1 Abs. 1 des Europäischen Übereinkommens über die internationale Handelsschiedsgerichtsbarkeit vom 21. 4. 1961 (BGBl. 1964 II 427); Art. 1 Abs. 1 des Übereinkommens zur Befreiung ausländischer öffentlicher Ur-

II. Gesichtspunkte der Festlegung von Zuordnungskriterien

sich die Gegenseitigkeitsbestimmungen in Klauseln finden, welche bestimmte Vertragsbegriffe definieren[180].

Eine solche Generalklausel hat mehrere Vorteile. Die Regierungen werden gezwungen, stärker als bei den Einzelklauseln auf eine umfassende und detaillierte Definition zu achten. Insbesondere wenn sie am Anfang des Vertrages steht, kann sie von der Rechtsprechung nicht übersehen werden, was sonst häufiger vorkommt. Nachteilig wirkt sich dagegen aus, daß bei Abkommen über mehrere Materien die Lösung einheitlich sein muß. Die Generalklausel kann dann nicht mehr den natürlichen Anknüpfungen voll gerecht werden; je nach den Gesichtspunkten, die bei den Verhandlungen in den Vordergrund rücken, wird die Zuordnung an bestimmten Vertragsklauseln ausgerichtet. Um diese Nachteile auszugleichen, führen manche Generalklauseln für bestimmte Vertragsklauseln besondere Zuordnungskriterien ein[181]; in anderen Verträgen finden sich neben der Generalklausel in Einzelbestimmungen besondere Zuordnungskriterien[182].

---

kunden von der Legalisation vom 5. 10. 1961 (BGBl. 1965 II 876); Art. 1 des Abkommens zur Vereinheitlichung von Regeln über die Beförderung im internationalen Luftverkehr (BGBl. 1958 II 312); Art. 1 des Protokolls über Schiedsklauseln vom 24. 9. 1932 (RGBl. 1925 II 47); Convention concernant la compétence des autorités, la loi applicable et la reconnaissance des décisions en matière d'adoption (SchwJIR XXII 1965, 267); Art. 1 der Konvention von New York vom 10. 6. 1958 für die Anerkennung und Vollstreckung ausländischer Schiedsurteile (Clunet 1960 600).

Andere Verträge definieren die Internationalität und die Gegenseitigkeit unterschiedlich; die Bestimmungen finden sich dann in verschiedenen Klauseln. Vgl. hierzu etwa das Mehrseitige Abkommen über Rechte im außerplanmäßigen Luftverkehr in Europa vom 30. 4. 1956 (BGBl. 1959 II 823); Art. II und Regel 2 des Internationalen Übereinkommens zum Schutz des menschlichen Lebens auf See vom 17. 6. 1960 (BGBl. 1965 II 480); Convention portant loi uniforme sur la vente internationale (RabelsZ 29, 1965, 166); Convention portant loi uniforme sur la formation des contrats de vente internationale des objets mobiliers corporels (RabelsZ 29, 1965, 210).

[180] Vgl. etwa Art. 1 Abs. 2 des Abkommens zur Vereinheitlichung von Regeln über die Beförderung im Internationalen Luftverkehr (BGBl. 1958 II 312); Art. 1 a des Übereinkommens zwischen den Regierungen Belgiens, Frankreichs, Luxemburgs, der Niederlande und des Königreichs Großbritannien über Gastarbeitnehmer vom 17. 4. 1950 (BGBl. 1960 II 445).

[181] Vgl. Art. 9 Abs. 2 des Abkommens zur Regelung der Vormundschaft über Minderjährige vom 12. 6. 1902 (RGBl. 1904, 240); Art. 14 Abs. 2 des Abkommens über die Entmündigung und gleichartige Fürsorgemaßregeln vom 28. 11. 1903 (RGBl. 1912, 463); Art. 1 und 2 des Abkommens über die Arbeitsbedingungen der Rheinschiffer vom 21. 5. 1954 (BGBl. 1957 II 217); Art. 13 Abs. II und III der Convention concernant la compétence des autorités et la loi applicable en matière de protection des mineurs (Conf. de la Haye, Actes et Doc. 9e session, t. IV, p. 213).

[182] Vgl. etwa Art. 1 und IX Abs. 1 des Europäischen Übereinkommens über die Internationale Handelsschiedsgerichtsbarkeit vom 21. 4. 1961 (BGBl. 1964 II 427); Art. 2 und 15 des Internationalen Übereinkommens über den Freibord der Kauffahrteischiffe vom 5. 7. 1930 (RGBl. 1933 II 708); Art. 14 und 10 des Projet de Convention sur les conflits de lois et de juridiction en

1. Die Form der Festlegung von Zuordnungskriterien

c) In einer Reihe multilateraler Verträge wird ausdrücklich festgestellt, daß es auf eine oder mehrere Zuordnungen nicht ankommt, daß etwa der Staat, auf dessen Rechtsordnung der Vertrag verweist, der Heimat-, Wohnsitz- oder Aufenthaltsstaat einer oder beider Parteien nicht Vertragspartner zu sein braucht, um das Abkommen anwendbar zu machen[183]. Solche Ausschlüsse finden sich teils in den Generalklauseln über die Gegenseitigkeit[184], manchmal aber auch in anderen Bestimmungen[185]. Wie wir im ersten Teil dieser Abhandlung gezeigt haben, sind in den meisten Materien sehr vielfältige Zuordnungen möglich. Vergleicht man diese möglichen Zuordnungen mit den vertraglichen Zuordnungskriterien einerseits, den ausdrücklich ausgeschlossenen Zuordnungskriterien andererseits, zeigt sich, daß diese beiden Vertragsbestimmungen nicht zu allen theoretisch denkbaren und sinnvollen Anknüpfungen Stellung nehmen. Es stellt sich damit die Frage, warum diese Verträge gerade bestimmte Anknüpfungen ausdrücklich ausschließen. Zum Teil liegt dies sicher in der Tatsache begründet, daß die betreffenden Zuordnungen angesichts der geregelten Materien besonders naheliegen. Zum anderen zeigt aber die Entwicklungsgeschichte einzelner Verträge, daß es sich hier um Anknüpfungen handelt, die im Laufe der Verhandlungen vorgeschlagen wurden, so daß eine ausdrückliche Ablehnung notwendig erscheinen konnte[186].

---

matière de succession et de testaments (Conf. de la Haye, Actes de la 7e session 1951, p. 64); Art. 31 Abs. 5 und Art. 1 des Übereinkommens über den Beförderungsvertrag im internationalen Straßengüterverkehr CMR vom 19. 5. 1956 (BGBl. 1961 II 1120). Diese Beispiele zeigen, daß solche Abweichungen insbesondere bei den Bestimmungen eingreifen, die einerseits die Anerkennung und Vollstreckung ausländischer Hoheitsakte, andererseits die Sicherheitsleistung betreffen. Äußerst schwierig ist die Frage zu entscheiden, ob von einer Generalklausel hinsichtlich einzelner Randmerkmale abgewichen werden darf, wenn der Vertrag dies zwar nicht ausdrücklich vorsieht, die Generalklausel aber offensichtlich für diese Fälle nicht paßt.

[183] *In der Gegenseitigkeitsklausel* findet sich diese Bestimmung etwa bei folgenden Verträgen: Art. 3 der Convention sur les accords d'élection de for (Conf. de la Haye, 12e session 1964, SchwJIR XXII 1965, 255); Art. 11 der Convention sur la loi applicable en matière d'accidents routiers (Conf. de la Haye, Actes et Doc. 11e session, t. IV, p. 31); *neben der Generalklausel* im Art. 6 des Übereinkommens über das auf die Form letztwilliger Verfügungen anzuwendende Recht vom 5. 10. 1961 (BGBl. 1965 II 1145); Art. 1 Abs. 3 und Art. 2 der Loi uniforme sur la vente internationale des objets mobiliers corporels (RabelsZ 29, 1965, 170); Art. 1 Abs. 3 und Art. 9 der Loi uniforme sur la formation des contrats de vente internationale des objets mobiliers corporels (RabelsZ 29, 1965, 214); Art. 2 Abs. 2 Avant-Projet de Convention internationale relative au contrat de voyage (RabelsZ 32 [1968], 741).

[184] Vgl. etwa das Abkommen über das auf die Form letztwilliger Verfügungen anzuwendende Recht in der vorigen Anm.

[185] Vgl. etwa die Loi uniforme sur la vente in Anm. 183.

[186] Manche Abkommen bestimmen, daß sie ohne Ansehen der Staatsangehörigkeit, Herkunft usw. anzuwenden sind (vgl. etwa Art. 6 des Übereinkommens 97 über Wanderarbeiter, BGBl. 1959 II 88; Art. 30 des Inter-

d) Manche Verträge stellen klar, daß der Vertrag die Mitgliedstaaten nicht verpflichtet, seine Bestimmungen anzuwenden, wenn bestimmte Zuordnungen zu Nichtvertragsstaaten vorliegen[187]. Auch diese Vorschrift findet sich teils in[188], teils neben[189] der Gegenseitigkeitsklausel. Der Sinn einer solchen Bestimmung ist nicht immer ganz klar. Es kann sich um eine reine Ausschlußklausel im obigen Sinne[190] oder um eine Bestimmung handeln, die wie die unten aufgeführten[191] Fakultativklauseln den Staaten den Ausschluß nur gestattet. Darüberhinaus dürften solche Vorschriften den Staaten immer erlauben, den Vertrag anzuwenden, wenn diese es wünschen.

e) Zahlreiche Verträge gestatten den Staaten in Fakultativklauseln, den an sich im Vertrag festgelegten Anwendungsbereich zu beschränken oder zu erweitern. Entweder nimmt der Vertrag dabei von der Gegenseitigkeit Abstand, erlaubt aber den Vertragspartnern, das Abkommen mit dort näher festgelegten Zuordnungen unter der Bedingung der Gegenseitigkeit anzuwenden[192] oder aber das Übereinkommen legt

---

nationalen Fernmeldevertrages vom 21. 12. 1959, BGBl. 1962 II 2174; Art. 1 der Konvention zum Schutz von Kulturgut bei bewaffneten Angriffen vom 14. 5. 1954, BGBl. 1967 II 1235; Art. 2 des Übereinkommens 3 über die Beschäftigung der Frauen vor und nach der Niederkunft, AA Bd. 29, Nr. 366; Art. 2 des Übereinkommens über das die Freiheit des Durchgangsverkehrs vom 20. 4. 1921, RGBl. 1924 II 389). Diese Bestimmungen könnten im Einzelfall die entsprechenden Zuordnungen ausschließen. Notwendig ist dies aber nicht, da es sich um Diskriminierungsverbote handeln kann, die nur eingreifen, wenn der Heimatstaat, der Wohnsitzstaat, der Aufenthaltsstaat usw. Vertragspartner sind. Eine besondere Frage ist schließlich, ob die im Vertrag hervorgehobenen Zuordnungskriterien die Problematik abschließend regeln.

[187] Vgl. etwa Art. 6 des Übereinkommens und Statuts über die Freiheit des Durchgangsverkehrs vom 20. 4. 1921 (RGBl. 1924 II 389); Art. 8 Abs. 2 des Abkommens zur Regelung des Geltungsbereichs der Gesetze auf dem Gebiet der Eheschließung vom 12. 6. 1902 (RGBl. 1904, 221); Art. 30 Abs. 2 des Europäischen Niederlassungsabkommens vom 13. 12. 1955 (BGBl. 1959 II 998); Art. 7 des Projet de Convention pour régler les conflits entre la loi nationale et la loi du domicile (RabelsZ 17, 1952, 270); Art. 9 Abs. 2 des Abkommens zur Regelung des Geltungsbereichs der Gesetze und der Gerichtsbarkeit auf dem Gebiet der Ehescheidung und der Trennung von Tisch und Bett vom 12. 6. 1902 (*Makarov* aaO., Bd. II Nr. 249, S. 602).

[188] Vgl. etwa die Convention pour régler les conflits entre la loi nationale et la loi du domicile (Anm. 187).

[189] Alle Verträge in Anm. 187 mit Ausnahme des Abkommens in Anm. 188.

[190] s. o. c).

[191] s. u. e).

[192] Art. 15 des Übereinkommens zur einheitlichen Feststellung von Regeln über die Hilfeleistung und Bergung in Seenot vom 23. 9. 1910 (RGBl. 1913, 66); Art. 9 des Abkommens über Bestimmungen auf dem Gebiet des internationalen Scheckprivatrechts vom 19. 3. 1931 (RGBl. 1933 II 595); Art. 10 des Abkommens über Bestimmungen auf dem Gebiet des internationalen Wechselprivatrechts vom 7. 6. 1930 (RGBl. 1933 II 445); Art. III der Convention portant loi uniforme sur la formation des contrats de vente internationale

bestimmte Gegenseitigkeitszuordnungen fest und gestattet den Staaten, weitere Zuordnungskriterien einzuführen und so den Anwendungsbereich zu beschränken[193] oder aber von bestimmten Zuordnungen Abstand zu nehmen und damit den Anwendungsbereich auszudehnen[194]. Im Einzelnen ist hier vieles unbestimmt. So bleibt etwa meist unklar, ob es sich hier um das Recht handelt, den anderen Vertragspartnern gegenüber einen Vorbehalt abzugeben, oder ob es ausreicht, wenn der nationale Gesetzgeber den Anwendungsbereich näher bestimmt. Meist wird es sich um die zweite Möglichkeit handeln.

2. Verträge ohne Gegenseitigkeit[194a]

Wir haben schon gesehen, daß eine Anzahl von Verträgen in den verschiedensten Formeln ausdrücklich darauf verzichten, daß bestimmte Staaten, auf welche die üblichen Zuordnungskriterien in diesen Materien verweisen könnten, Vertragspartner sind. Nunmehr bleibt nur noch zu prüfen, ob es Verträge gibt, die ihrer Natur nach auf die Gegenseitigkeit verzichten.

a) Obwohl dies in den betreffenden Abkommen meist nicht ausdrücklich hervorgehoben wird, gelten die internationalen Menschenrechtsverträge[195] und die Sozialcharten[196] ohne Rücksicht auf die Gegenseitigkeit. Diese Abkommen sind also selbst dann anzuwenden, wenn die betroffenen Individuen nicht die Staatsangehörigkeit eines Vertragsstaates besitzen, in dem Gebiet eines Vertragsstaates wohnen usw. Dasselbe gilt für die Verträge über Staatenlose und Flüchtlinge,

---

des objets mobiliers corporels (RabelsZ 29, 1965, 210); Art. 7 der Convention internationale sur la limitation de la responsabilité des propriétaires de navires de mer vom 10. 10. 1957 (RabelsZ 24, 1959, 742).

[193] Art. 1 Abs. 2 des Übereinkommens über den Austausch von Auskünften in Personenstandsangelegenheiten vom 4. 9. 1958 (BGBl. 1961 II 1071); Art. 3 Abs. 1 des Europäischen Abkommens zum Schutz von Fernsehsendungen vom 22. 6. 1960 (BGBl. 1965 II 1235); Art. 4 Abs. 4 des Internationalen Übereinkommens zum Schutz von Pflanzenzüchtungen vom 2. 12. 1961 (BGBl. 1968 II 429); Art. 2 des Zollabkommens über Behälter vom 18. 5. 1956 (BGBl. 1961 II 985); Art. 8 Abs. 3 der Convention pour l'unification de certaines règles sur la saisie conservatoire des navires en mer (Rev.dr.int.pr. 41, 1952, 817); Art. 15 des Übereinkommens zur einheitlichen Feststellung von Regeln über die Hilfeleistung und Bergung in Seenot vom 23. 9. 1910 (RGBl. 1913, 66).

[194] s. o. I 7 a.

[194a] Vgl. B. *Simma*, Das Reziprozitätselement im Zustandekommen völkerrechtlicher Verträge, 1972, 161 ff.

[195] Konvention vom 4. 11. 1950 zum Schutz der Menschenrechte und Grundfreiheiten (BGBl. 1952 II 685, 953); Internationaler Pakt vom 19. 12. 1966 über bürgerliche und politische Rechte (BR-Drucks. 304/73; BT-Drucks. 7/660).

[196] Europäische Sozialcharta vom 18. 10. 1961 (BGBl. 1964 II 1261); Internationaler Pakt vom 19. 12. 1966 über wirtschaftliche, soziale und kulturelle Rechte (BT-Drucks. 305/73; BT-Drucks. 7/658).

48 II. Gesichtspunkte der Festlegung von Zuordnungskriterien

weil hier naturgemäß nicht vorausgesetzt werden kann, daß der Heimatstaat Vertragspartner ist[197]. Ebenfalls ohne Gegenseitigkeitsbedingungen gelten die Verträge über die Abschaffung des Sklaven- und Mädchenhandels[198] und des Völkermords[199] und Abkommen über Gesundheitsmaßnahmen[200], weil solche Verträge mit einer Gegenseitigkeitsbindung ihren Zweck nicht erreichen könnten. Wieder andere Verträge können sinnvoll nur einheitlich, also ohne Rücksicht auf die Vertragspartnerschaft anderer Staaten, durchgeführt werden. Dies gilt etwa für die Verpflichtung, bestimmte einheitliche Klassifikationen, Statistiken und Meßmethoden einzuführen[201].

b) Besondere Probleme werfen die ILO-Abkommen auf, die ebenfalls die Frage der Gegenseitigkeit meist nicht ausdrücklich regeln. Manche Autoren behaupten, solche Verträge stellten niemals auf die Gegenseitigkeit ab[202]. Nach Morellet[203] verlangen die internationalen Arbeitsabkommen der ILO im Gegensatz zu den sonstigen Arbeitsübereinkommen zumindest in der Regel die Gegenseitigkeit nicht, weil sie zum Zweck hätten, in den Vertragsstaaten régimes légaux d'une application générale zu begründen; es handle sich nicht eigentlich um die Gegen-

---

[197] Einige Verträge verlangen allerdings, daß die Personen in einem Vertragsstaat wohnen oder sich aufhalten, vgl. etwa das Zusatzprotokoll 1 zum Welturheberrechtsabkommen (BGBl. 1955 II 102) und das Europäische Übereinkommen über die Aufhebung des Sichtvermerkszwangs für Flüchtlinge vom 20. 4. 1959 (BGBl. 1961 II 1098).

[198] Int. Übereinkunft zur Unterdrückung des Frauen- und Kinderhandels (RGBl. 1924 II 181); Übereinkommen betreffend die Sklaverei (RGBl. 1929 II 64).

[199] Konvention über die Verhütung und Bestrafung des Völkermordes vom 9. 12. 1948 (BGBl. 1954 II 730); vgl. auch die Internationale Übereinkunft zur Bekämpfung der Verbreitung und des Verkehrs unzüchtiger Veröffentlichungen vom 12. 9. 1923 (RGBl. 1925 II 289).

[200] Internationale Gesundheitsvorschriften Nr. 2 vom 25. 5. 1951 (BGBl. 1955 II 1062); Internationales Sanitätsabkommen für die Luftfahrt vom 12. 4. 1933 (RGBl. 1935 II 817).

[201] Europäisches Übereinkommen über die internationale Patentklassifikation vom 19. 12. 1954 (BGBl. 1956 II 660); Übereinkommen über ein einheitliches System der Schiffsvermessung vom 10. 6. 1947 (BGBl. 1957 II 1471); Abkommen über das Zolltarifschema für die Einreihung der Waren in die Zolltarife vom 15. 12. 1957 (BGBl. 1962 II 942); Internationales Übereinkommen zur Vereinheitlichung der Methoden für die Aufnahme von Proben und die Untersuchung von Käse vom 26. 4. 1934 (RGBl. 1937 II 678). Nur einheitlich durchgeführt werden können auch Abkommen, die etwa für Schiffe besondere Sicherheitsausrüstungen vorsehen: Internationales Übereinkommen von 1948 zum Schutz des menschlichen Lebens auf See (BGBl. 1953 II 615); Internationales Übereinkommen zum Schutz des menschlichen Lebens auf See vom 17. 6. 1960 (BGBl. 1965 II 480).

[202] J. Dehaussy, Les conditions d'application des normes conventionnelles sur le for interne français, Clunet 87, 1960, 702 ff., 714 ff.

[203] La notion de réciprocité dans les traités de travail et les conventions internationales du travail, Rev.dr.int.pr. XXVI 1931, 642.

2. Verträge ohne Gegenseitigkeit

seitigkeit implizierende Verträge, sondern um eine Form der internationalen Gesetzgebung, die erga omnes anwendbar sei. Aber hiervon gebe es Ausnahmen. So verleihe etwa die Convention relative à l'égalité du traitement des travailleurs étrangers et nationaux en matière de réparation des accidents de travail aus dem Jahre 1925 Rechte nur an Personen, die Angehörige von Vertragsparteien sind.

Noch differenzierter äußert sich ein nicht unterzeichneter Aufsatz aus dem Jahre 1957[204]. Der Verfasser zeigt, daß hier zwei Probleme unterschieden werden müssen. Zunächst stelle sich die Frage, ob die Verträge nicht nur auf Staatsangehörige, sondern auch auf Ausländer Anwendung finden. Erst dann sei zu prüfen, ob es sich um Angehörige eines Vertragspartners handeln muß. Der Verfasser unterscheidet hier zwischen drei Vertragsarten. Zunächst gebe es Abkommen, die gerade die Stellung der Ausländer regeln. In diesem Rahmen finde man Abkommen, welche die Gegenseitigkeit voraussetzen[205] und andere, die hierzu nichts sagen[206]. Andere Verträge regelten die Stellung der Arbeitnehmer generell, enthielten aber eine Klausel hinsichtlich der Ausländer. Dabei werde wiederum unterschieden. Einige Abkommen verlangten die Gegenseitigkeit[207], bei anderen enthalte die Ausländerklausel keine Bestimmung[208]. Die meisten ILO-Verträge schließlich gingen auf die Frage nicht ein, ob sie auf Ausländer anzuwenden seien und die Gegenseitigkeit verlangten; insoweit sei die Anwendung auf Ausländer auszudehnen und auf die Gegenseitigkeit zu verzichten[209].

---

[204] L'application des Conventions internationales du travail aux travailleurs étrangers, Rev.crit.dr.int.pr. 46, 1967, 19.

[205] Etwa die Convention no. 19 sur l'égalité du traitement (accidents de travail) 1925; die Convention no. 48 de 1935 sur la conservation des droits à pension des migrants.

[206] Die beiden Konventionen von 1939 und 1949 über Wanderarbeitnehmer.

[207] Etwa die Convention no. 9 sur le placement des marins, die beiden Conventions sur le chômage de 1919; die Convention no. 44 sur le chômage de 1934; die Convention sur l'assurance sociale de 1933.

[208] Art. 2 der Convention no. 3 und no. 103 sur la protection de la maternité von 1919 und 1952; Art. 2 der Convention no. 3 de 1926 relative au rapatriement des marins; Art. 1 der Convention no. 55 relative aux obligations de l'armateur en cas de maladie des gens de mer 1936; Art. 5 der Convention no. 70 sur la sécurité sociale des gens de mer de 1946.

[209] Auf die Gegenseitigkeit scheinen so etwa zu verzichten: das Übereinkommen no. 17 über die Entschädigung bei Betriebsunfällen (BGBl. 1955 II 94); das Übereinkommen Nr. 3 über die Beschäftigung der Frauen vor und nach der Niederkunft (AA Bd. 29, S. 366); das Übereinkommen Nr. 12 über die Entschädigung bei Betriebsunfällen in der Landwirtschaft (AA Bd. 29, Nr. 378); das Übereinkommen Nr. 18 über die Entschädigung bei Berufskrankheiten (AA Bd. 29, Nr. 390); das Übereinkommen Nr. 24 über die Krankenversicherung der Arbeitnehmer in der Landwirtschaft (AA Bd. 30, Nr. 405); das Übereinkommen Nr. 42 über die Entschädigung bei Berufskrankheiten (BGBl. 1955 II 578); das Übereinkommen Nr. 56 über die

II. Gesichtspunkte der Festlegung von Zuordnungskriterien

Hervorheben kann man schließlich noch, daß eine bestimmte Kategorie von ILO-Verträgen, nämlich die Abkommen, die einheitliche Arbeitsbedingungen schaffen[210], eine staatliche Aufsicht über die Einhaltung der Arbeitsbedingungen vorsehen[211] usw. nur einheitlich angewendet werden können.

3. Zur Auswahl und Struktur der Zuordnungskriterien

a) Soweit die Literatur das Problem der Gegenseitigkeit näher untersucht, gelangt sie häufig zu dem Ergebnis, daß nur die Staatsangehörigen der Vertragsparteien — diese aber auch immer — sich auf den Vertrag berufen können[212]. Damit soll ersichtlich nicht neben die im Vertrage festgelegten Zuordnungskriterien kumulativ eine weitere Zuordnung treten. Diese Literatur geht vielmehr davon aus, daß die Staatsangehörigkeit das einzige Zuordnungskriterium für die Gegenseitigkeit ist. Wir haben gezeigt, daß diese Ansicht keinesfalls

---

Krankenversicherung der Schiffsleute (BGBl. 1956 II 892); das Übereinkommen Nr. 87 über die Vereinigungsfreiheit und den Schutz des Vereinigungsrechts (BGBl. 1956 II 88); das Übereinkommen Nr. 97 über Wanderarbeiter (BGBl. 1959 II 88); das Übereinkommen Nr. 98 über Anwendung der Grundsätze des Vereinigungsrechts und des Rechts zu Kollektivverhandlungen (BGBl. 1956 II 1122); das Übereinkommen Nr. 100 über die Gleichheit des Entgelts männlicher und weiblicher Arbeitskräfte für gleichartige Tätigkeit (BGBl. 1956 II 24).

[210] Vgl. etwa das Übereinkommen Nr. 72 über Unfallverhütungsvorschriften bei Hochbauarbeiten (BGBl. 1955 II 179); das Übereinkommen Nr. 45 über die Beschäftigung von Frauen bei Untertagearbeiten in Bergwerken jeder Art (BGBl. 1954 II 625); das Übereinkommen Nr. 10 über das Alter für die Zulassung von Kindern zur Tätigkeit in der Landwirtschaft (BGBl. 1956 II 928); das Übereinkommen Nr. 105 über die Abschaffung der Zwangsarbeit (BGBl. 1952 II 2); das Übereinkommen Nr. 112 über das Mindestalter für die Zulassung zur Arbeit in der Fischerei (BGBl. 1962 II 1430); das Übereinkommen Nr. 29 über Zwangs- und Pflichtarbeit (BGBl. 1956 II 641); das Übereinkommen Nr. 7 über das Mindestalter für die Zulassung von Kindern zur Tätigkeit auf See (AA Bd. 29, Nr. 368); das Übereinkommen Nr. 15 über das Mindestalter für die Zulassung der Jugendlichen als Kohlentrimmer oder Heizer (AA Bd. 29, Nr. 375); das Internationale Abkommen über das Verbot der Nachtarbeit der gewerblichen Arbeiter vom 26. 9. 1906 (RGBl. 1911, 5); das Internationale Abkommen über das Verbot der Verwendung von weißem Phosphor vom 26. 9. 1906 (RGBl. 1911, 17).

[211] Übereinkommen Nr. 81 über die Arbeitsaufsicht in Gewerbe und Handel (BGBl. 1955 II 585); Übereinkommen Nr. 88 über die Organisation der Arbeitsmarktverwaltung (BGBl. 1954 II 449); Übereinkommen Nr. 96 über Büros für entgeltliche Arbeitsvermittlung (BGBl. 1954 II 457); Übereinkommen Nr. 2 über Arbeitslosigkeit (AA Bd. 29, Nr. 365).

[212] Vgl. etwa G. A. L. *Droz* (Rev.crit.dr.int.pr. 53, 1964, 663 ff., 668); J. *Dehaussy* (Clunet 87, 1960, 702 ff., 714); P. *Chaveau* (Clunet 83, 1956, 570 ff., 574). Das BG (12. 7. 1961, SchwJIR XIX 1962, 246) weist richtig darauf hin, daß die italienische Staatsangehörigkeit des Klägers nicht ausreicht, um ein bilaterales Abkommen zwischen der Schweiz und Frankreich anzuwenden, das die gegenseitige Urteilsvollstreckung vorsieht.

3. Zur Auswahl und Struktur der Zuordnungskriterien

zutrifft. Auf die Staatsangehörigkeit wird vielmehr regelmäßig nur in ganz bestimmten Materien, vor allem im Niederlassungsrecht abgestellt. In allen anderen Bereichen wird auf zahlreiche andere Zuordnungskriterien abgehoben[213]. Dabei werden sogar hinsichtlich derselben Materien unterschiedliche Kriterien benutzt. Nur in bestimmten Materien — etwa bei der Anerkennung und Vollstreckung ausländischer Hoheitsakte — scheint die Natur der Sache ganz bestimmte Zuordnungen zu verlangen, die andere Kriterien weitgehend ausschließt[214]. Diese Zuordnungskriterien sind dann andererseits auch so stark, daß sie Generalklauseln durchbrechen, die an anderen Materien ausgerichtet sind[215].

Da die Verträge in den meisten Materien höchst verschiedene Zuordnungskriterien verwenden, kann man nur in sehr beschränktem Umfang davon ausgehen, daß die Natur der Sache bestimmte Zuordnungskriterien verlangt. Diese Kriterien stehen also nicht a priori fest[216], sie werden vielmehr erst durch den Vertrag näher bestimmt. Deshalb reicht es nicht aus, wenn im Vertrag[217], in der Literatur[218] oder in

---

[213] Die Abkommen wollen in der Regel fremde Staaten nicht in ihren Staatsangehörigen begünstigen, sondern hinsichtlich anderer Staatselemente. Das zeigt erneut, wie schwierig es ist, die unmittelbare Anwendbarkeit der Staatsverträge auf den Willen der Vertragspartner zu stützen, Individuen Rechte zu verleihen (hierzu: *Bleckmann*, Begriff und Kriterien der innerstaatlichen Anwendbarkeit völkerrechtlicher Verträge, 1970, S. 157 ff.).

[214] s. o. I 1 b.

[215] Klauseln über die Anerkennung und Vollstreckung von Urteilen etwa finden sich in zahlreichen Verträgen über Materien der verschiedensten Art. Diese Abkommen enthalten in der Regel eine Generalklausel, die an diesen Materien ausgerichtet ist. Die Klausel über die Anerkennung und Vollstreckung durchbricht diese Generalklausel, indem sie auf den Erlaß des Urteils durch die Gerichte eines Vertragspartners abstellt.

[216] Zahlreiche deutsche Entscheidungen (vgl. etwa OLG Dresden 5. 2. 1929, IPR-Rspr. 1931, Nr. 93, S. 178; OLG Hamburg 10. 4. 1929, Nr. 62, S. 94; OLG Rostock 20. 12. 1929, IPR-Rspr. 1930, Nr. 147, S. 245; OLG Köln 19. 1. 1960, NJW 1960, 130; LG Hanau 25. 6. 1962, IPR-Rspr. 1962/3, Nr. 61, S. 179; OLG Düsseldorf 26. 8. 1963, IPR-Rspr. 1962/3, Nr. 151, S. 457; LG Stuttgart 23. 3. 1964, IPR-Rspr. 1964/5, Nr. 251, S. 766; HansOLG 10. 9. 1964, IPR-Rspr. 1964/5, Nr. 276, S. 791; BayObLG 31. 3. 1966, BayObLZG 1966, 115; LG Würzburg 20. 4. 1966, IPR-Rspr. 1966/7, Nr. 237, S. 744; LG Darmstadt 21. 4. 1966, IPR-Rspr. 1966/7, Nr. 410, S. 410; LG Mannheim 25. 4. 1966, IPR-Rspr. 1966/7, Nr. 129, S. 416; OLG Düsseldorf 9. 8. 1967, OLGZ 1967, 379) bestimmen die Zuordnungskriterien nicht aus dem konkreten Vertrag heraus, sondern a priori — meist unter Heranziehung des deutschen IPR. Sie gehen also davon aus, daß bestimmte Fragen nur in Verträgen zwischen der Bundesrepublik Deutschland und einem bestimmten anderen Staat geregelt sein können und untersuchen, ob zwischen diesen beiden Staaten einschlägige Abkommen geschlossen worden sind.

[217] Vgl. etwa Art. 9 des deutsch-schweizerischen Abkommens über die gegenseitige Anerkennung und Vollstreckung von gerichtlichen Entscheidungen und Schiedssprüchen vom 2. 11. 1929 (Zeitschr. f. int. Recht 47, 1933, 260);

II. Gesichtspunkte der Festlegung von Zuordnungskriterien

Gerichtsentscheidungen[219] hervorgehoben wird, der Vertrag gelte „im Verhältnis zwischen den Vertragsstaaten"; es kommt vielmehr darauf an, die Kriterien festzulegen, kraft welcher festgestellt werden kann, ob ein bestimmter Sachverhalt diesem Verhältnis zuzuordnen ist. Aus demselben Grunde reicht es nicht aus, wenn ein Vertrag eine bestimmte Leistung „den Vertragspartnern" gewährt[220].

Die Unmöglichkeit, Zuordnungskriterien a priori festzustellen, hat eine Reihe von Folgen, auf die wir später eingehen werden. Hier soll zunächst nur festgehalten werden, daß nur sehr selten bestimmte Materien eindeutig dem Verhältnis zwischen zwei Staaten zugeordnet werden können. Bestimmte Zollrechte etwa können an dem Ursprung der Ware, an der Einfuhr aus einem bestimmten Land oder in ein bestimmtes Land, an der Staatsangehörigkeit der Importeure oder Exporteure, an dem Verkehr zwischen zwei Staaten, an der Einfuhr durch ein bestimmtes Verkehrsmittel ausgerichtet sein[221], und ähnliches gilt für andere Rechte und Pflichten. *Das bedeutet aber, daß sich die Regeln über diese Rechte in Verträgen zwischen sehr unterschiedlichen Vertragspartnern finden können.* Daß heißt aber auch, daß die Überschneidungen zwischen Verträgen viel zahlreicher sind, als die Lehre von der Vertragskonkurrenz anzunehmen scheint.

Art. 18 Abs. 1 der Convention concernant certaines questions relatives aux conflits de lois sur la nationalité (Rev.dr.int.pr. XXV 1930, 337); Art. 2 des Protocole spécial relatif à l'apatridie (dortselbst); Art. 7 der Konvention von New York vom 10. Juni 1958 für die Anerkennung und Vollstreckung ausländischer Schiedssprüche (Clunet 1960, 600); Art. 29 des Haager Übereinkommens über den Zivilprozeß vom 1. 3. 1954 (BGBl. 1958 II 577); Art. 6 des Übereinkommens über die Behandlung feindlicher Kauffahrteischiffe vom 18. 10. 1907 (RGBl. 1910, 181).

[218] Vgl. etwa G. A. L. *Droz* (Rev.crit.dr.int.pr. 58, 1969, 381 ff., 398); H. *Bauer* (Rev.crit.dr.int.pr. 55, 1966, 537 ff., 550); Diskussion in Actes de la Conf. de la Haye, 7ᵉsession 1951, S. 74 ff.

[219] Folgende Entscheidungen stellen fest, daß ein bestimmter Vertrag „im Verhältnis zwischen" dem Deutschen Reich bzw. der Bundesrepublik Deutschland und einem bestimmten anderen Staate gilt: OLG Karlsruhe 26. 11. 1926, IPR-Rspr. 1926/7, Nr. 85, S. 68; KG 4. 2. 1927, IPR-Rspr. 1926/7, Nr. 87, S. 73; KG 14. 9. 1961, FamRZ 1961, 477; LG Kiel 27. 10. 1961, IPR-Rspr. 1960/1, Nr. 92, S. 325; BGH 22. 3. 1962, IPR-Rspr. 1962/43, Nr. 47, S. 123; OLG Karlsruhe 3. 9. 1962, StAZ 1963, 42; OLG Karlsruhe 29. 5. 1963, FamRZ 1963, 573; OLG Karlsruhe 26. 8. 1963, IPR-Rspr. 1962/3, Nr. 151, S. 457; HansOLG Hamburg 10. 9. 1964, IPR-Rspr. 1964/5, Nr. 276, S. 791; BayObLG 21. 3. 1966, BayObLGZ 1966, 115; LG Darmstadt 21. 4. 1966, IPR-Rspr. 1966/7, Nr. 127, S. 410; BPatG 4. 8. 1966, BPatGE 8, 226; OLG Düsseldorf 9. 8. 1967, OLGZ 1967, 379.

[220] Vgl. etwa Art. 1 Abschn. 1 der Vereinbarung über den Durchflug im internationalen Fluglinienverkehr vom 7. 12. 1944 (BGBl. 1956 II 446); Art. 6 des Internationalen Abkommens zur einheitlichen Feststellung von Regeln über die Immunitäten der Staatsschiffe vom 10. 4. 1926 (RGBl. 1927 II 484).

[221] s. o. I 3.

3. Zur Auswahl und Struktur der Zuordnungskriterien

Soweit ein Vertrag die Zuordnungskriterien ausdrücklich festlegt, ist diese Regelung *abschließend*. Sie kann deshalb nicht aus der Natur der Sache heraus durch andere Kriterien ersetzt oder ergänzt werden[222].

b) Die Auswahl der für die Zuordnung entscheidenden Kriterien erscheint häufig recht willkürlich. Meist wird dieser Festlegung von den Vertragspartnern offensichtlich keine große Bedeutung beigemessen. Das zeigt sich etwa darin, daß diese Frage häufig erst am Schluß der Verhandlungen geregelt wird, und dabei meist ein entsprechender Vorschlag ohne Diskussion und ohne Abwägung der verschiedenen möglichen Kriterien akzeptiert wird. Überdies wechseln die verwendeten Kriterien nicht nur von Vertrag zu Vertrag, sondern auch im Rahmen der Entstehungsgeschichte einzelner Abkommen ohne ersichtlichen tieferen Grund. Auch soweit bestimmte Kriterien ausdrücklich ausgeschlossen werden oder den Vertragspartnern das Recht gegeben wird, unter Verwendung bestimmter Kriterien die Gegenseitigkeit einzuführen, beruhen diese Kriterien häufig nur auf der Tatsache, daß die Vertragspartner oder bestimmte Staaten eine bestimmte Lösung vertreten hatten. Häufig hat man schließlich den Eindruck, daß die Vertragspartner eine beliebige Lösung nur deshalb angenommen haben, um irgendwie doch noch an der Gegenseitigkeit festhalten zu können[223].

Die Entstehungsgeschichte der verschiedenen Verträge zeigt also, daß bisher nicht nur sichere Anknüpfungspunkte für die verschiedenen Materien, sondern auch ein Topik oder gar eine Systematik der möglichen Gründe für bestimmte Anknüpfungen fehlt. Eine Durchsicht der Verträge gestattet aber, eine Anzahl von Gesichtspunkten festzustellen, die bei der Bestimmung dieser Kriterien entweder allein oder nebeneinander berücksichtigt wurden.

---

[222] Vgl. etwa LG Bremen 21. 9. 1967, NJW 1968, 361 = IPR-Rspr. 1966/7, Nr. 136, S. 425; J. *Van Ryn* (Clunet 91, 1964, 4 ff., 9); zum Haager Minderjährigenschutzabkommen vgl. BGHZ 69, 68 ff., 72; OLG Hamm, OLGZ 1972, 371.

[223] Auffällig ist etwa der Kriterienwechsel in der langen Entstehungsgeschichte des Abkommens über die Reederhaftung (H. *Finke*, Internationale Regelung der Reederhaftung, Zeitschr. f. int. Recht XXI 1911, 99 ff.), über die Straßenverkehrsunfälle (Conf. de la Haye, Actes et Doc. de la 11e session, Accidents de la circulation routière), über das Konnossement (J. *van Ryn*, La Convention de Bruxelles du 25 août 1924 pour l'unification de certaines règles en matières de connaissement, Clunet 91, 1964, 4 ff., 9 ff.), über die Adoption (Conf. de la Haye, Actes et Doc. de la 10e session, t. II Adoption, p. 22, 37, 54, 81, 92, 117, 206 ff., 299), beim Vertrag über die Unterhaltsverpflichtungen gegenüber Kindern (Conf. de la Haye, Actes et Doc. de la 9e session, t. I, p. 131) und beim Vertrag über das Kaufrecht (Conf. de la Haye, Actes de la 7e session, p. 74; O. *Riese*, RabelsZ 22, 1957, 16 ff., 23 f., 27, sowie: RabelsZ 29, 1965, 1 ff., 9 ff.).

II. Gesichtspunkte der Festlegung von Zuordnungskriterien

Sicherlich im Vordergrund steht der Gedanke, daß der durch einen Vertrag *begünstigte* Staat Vertragspartner sein muß[224]. Gerade dieser Gesichtspunkt führt aber nicht immer zu sicheren Lösungen. Einmal ist es nicht sicher, ob man bei bestimmten Anknüpfungen, etwa an den Aufenthaltsstaat oder an den Staat, dessen Rechtsordnung nach dem Vertrag anzuwenden ist, noch von einer Begünstigung sprechen kann. Zum anderen sind in der Regel sehr unterschiedliche Staaten begünstigt. Da das Kriterium der Begünstigung nicht gestattet, zwischen verschiedenen Arten oder Graden der Begünstigung zu unterscheiden, müßten die Verträge in der Regel zahlreiche Zuordnungskriterien kumulativ aufführen. Dadurch würde der Anwendungsbereich der Übereinkommen sehr beschränkt. Die Begünstigung umfaßt schließlich nicht alle möglichen Kriterien. Auch der Gedanke der *Belastung* spielt eine Rolle und kann in bestimmten Fällen die Ausdehnung auf Nichtvertragsstaaten sogar aus völkerrechtlichen Gründen verbieten[225]. Wichtig ist ferner, daß ein bestimmtes Vertragswerk in der Praxis häufig nur *funktionieren* kann, wenn bestimmte Staaten mitwirken[226]. Auch die Anlehnung an die *Anknüpfungspunkte des IPR* ist von großer Bedeutung[227]. Manchmal wird ein bestimmtes Kriterium auch gewählt, weil es eine *größere Sicherheit bei der Anwendung verspricht* als andere Kriterien[228] oder weil nur so der *angestrebte Schutzzweck erreicht wird*[229]. Überdies wird im Interesse eines weiten Anwendungsbereichs häufig nicht nur auf die Gegenseitigkeit verzichtet, sondern auch die

---

[224] Vgl. etwa für den Vertrag über das internationale Kaufrecht *Riese*, RabelsZ 22, 1957, 16 ff.; für das Abkommen über die Reederhaftung Zeitschr. f. int. Recht XXI 1911, 104 f.; für das Übereinkommen über den Schutz Minderjähriger Conf. de la Haye, Actes et Doc. de la 9e session, t. IV, p. 31; für den Vertrag über die Unterhaltsleistungen Conf. de la Haye, Actes et Doc. de la 9e session, t. I, p. 131.

[225] So etwa bei den Verträgen über die Kompetenzverteilung oder über die Staatsangehörigkeit, s. o. I 1 e und h.

[226] Vgl. Conf. de la Haye, Actes et Doc. de la 10e session, t. II Adoption, p. 92, 418.

[227] Dabei sind drei verschiedene Anknüpfungen auseinanderzuhalten. Einmal kann das nationale IPR die Zuordnungskriterien für die Gegenseitigkeit bestimmen. Zweitens kann der Vertrag im Kollisionsfall auf eine bestimmte Rechtsordnung verweisen und verlangen, daß der Staat dieser Rechtsordnung Vertragspartner ist. Und drittens greifen die Verträge bei der Bestimmung der Zuordnungskriterien für die Gegenseitigkeit häufig auf die in der Praxis der Rechtsvereinheitlichung des IPR entwickelten Anknüpfungspunkte zurück.

[228] So wird etwa bei den Rechtsvereinheitlichungsverträgen auch für die Zuordnung bei der Gegenseitigkeit stärker auf den gewöhnlichen Aufenthalt statt als auf den Wohnsitz oder die Staatsangehörigkeit zurückgegriffen, vgl. etwa den Rapport der Commission spéciale zum Avant-Projet de Convention du 11 janvier 1955 relative aux obligations alimentaires envers les enfants (Conf. de la Haye, Doc. relatifs à la 8e session 1956, p. 131 f.).

[229] So etwa der Schutz der Minderjährigen bei dem diesbezüglichen Abkommen: Conf. de la Haye, Actes et Doc. de la 10e session, t. II Adoption, p. 210.

3. Zur Auswahl und Struktur der Zuordnungskriterien

Zahl der Kriterien radikal herabgesetzt[230]. Dies dient häufig auch dem Interesse an einer *möglichst einfachen Lösung*. Diesem Interesse dient es schließlich auch, wenn die Anknüpfungspunkte für die Gegenseitigkeit weitgehend von den *Anknüpfungspunkten für die Internationalität* bestimmt werden.

c) Die Verträge schwanken ferner hinsichtlich der Zahl der festgelegten Zuordnungskriterien. Es gibt Abkommen, die ein[231], zwei[232], drei[233], vier[234] oder mehr Zuordnungskriterien festlegen. Dabei kann eine Kumulation der Kriterien oder eine alternative Zuordnung verlangt werden. Nicht immer ganz klar ist, ob es ausreicht, daß alle diese Kriterien auf den Anwendungsstaat verweisen oder ob notwendig mindestens zwei Vertragsstaaten beteiligt sein müssen. Damit wird im Rahmen der Gegenseitigkeit das Problem der Internationalität, das heißt die Frage angesprochen ob der Vertrag auf einen von den relevanten Vertragskriterien her gesehen rein nationalen Fall Anwendung finden soll.

Bestimmte Verträge[235] legen schließlich zwar nur ein Zuordnungskriterium fest, schaffen damit aber je nach der Sachlage Rechtsbeziehun-

---

[230] Vgl. etwa *Riese*, RabelsZ 1957, 16; Conf. de la Haye, Actes et Doc. de la 10e session, t. II Adoption, p. 117.

[231] Vgl. etwa das Abkommen über die soziale Sicherheit der Rheinschiffer, BGBl. 1951 II 243; das Abkommen über die Arbeitsbedingungen der Rheinschiffer vom 21. 5. 1954 (BGBl. 1957 II 217); den Internationalen Vertrag zum Schutz der unterseeischen Telegraphenkabel vom 14. 3. 1884 (RGBl. 1888, 151) und den Internationalen Vertrag zur Unterdrückung des Branntweinhandels unter den Nordseefischern auf Hoher See vom 16. 11. 1887 (RGBl. 1894, 427).

[232] *Kumulativ:* Abkommen über die Entmündigung und gleichartige Fürsorgeregeln vom 28. 11. 1923 (RGBl. 1912, 463); Abkommen zur Regelung der Vormundschaft über Minderjährige vom 12. 6. 1902 (RGBl. 1904, 240); Protokoll über die Schiedsklauseln vom 24. 9. 1923 (RGBl. 1925 II 47); Übereinkommen über die Geltendmachung von Unterhaltsansprüchen im Ausland (BGBl. 1959 II 151); Art. 3 der Convention portant loi uniforme sur la vente internationale des objets mobiliers corporels (RabelsZ 29, 1965, 166).
Alternativ: Internationales Übereinkommen zum Schutz der Pflanzenzüchtungen vom 2. 12. 1961 (BGBl. 1968 II 429); Europäisches Abkommen zum Schutz von Fernsehsendungen vom 2. 12. 1961 (BGBl. 1965 II 1235).

[233] *Kumulativ:* Abkommen zur Vollstreckung ausländischer Schiedssprüche vom 26. 9. 1927 (RGBl. 1930 II 1068); Mehrseitiges Abkommen über gewerbliche Rechte im nichtplanmäßigen Luftverkehr in Europa vom 30. 4. 1956 (BGBl. 1959 II 823); Art. 16 des Europäischen Niederlassungsabkommens vom 13. 12. 1955 (BGBl. 1959 II 998); Projet de Convention concernant la reconnaissance et la personnalité juridique des sociétés, associations et fondations (RabelsZ 17, 1952, 270).
Alternativ: Welturheberrechtsabkommen (BGBl. 1955 II 102).

[234] Convention concernant la compétence des autorités, la loi applicable et la reconnaissance des décisions en matière d'adoption (SchwJIR XXII 1965, 267 = Conf. de la Haye, Actes et Doc. de la 10e session, t. II Adoption, p. 399).

[235] Vgl. etwa das Übereinkommen zur einheitlichen Festsetzung von

II. Gesichtspunkte der Festlegung von Zuordnungskriterien

gen zu einer unterschiedlichen Anzahl von Staaten. Ist etwa ein Seerechtsvertrag nur anzuwenden, wenn sämtliche am Sachverhalt beteiligten Schiffe Vertragsstaaten zuzuordnen sind, berührt der Fall nur den Anwendungsstaat, wenn sämtliche Schiffe dessen Staatsangehörigkeit besitzen, je nach der Sachlage aber auch einen oder mehrere fremde Staaten, wenn die Staatsangehörigkeit unterschiedlich ist.

Regeln über den Zusammenstoß von Schiffen vom 23. 9. 1910 (RGBl. 1910, 49); die Convention internationale pour l'unification de certaines règles relatives à la responsabilité civile en matière d'abordage (Rev.crit.dr.int.pr. 41, 1952, 816); das Übereinkommen zur einheitlichen Feststellung von Regeln über die Hilfeleistung und Bergung in Seenot vom 2. 9. 1910 (*Makarov* aaO., Bd. II, Nr. 355, S. 814).

III. Theoretische Einordnung der Problematik

1. Die Lehre von der Gegenseitigkeit

Die Frage, welche Staaten im konkreten Fall Partner eines multilateralen Vertrages sein müssen, damit dieses Abkommen anwendbar ist, wird in zahlreichen Abkommen[236] und in den meisten einschlägigen Aufsätzen[237] unter dem Gesichtspunkt der Gegenseitigkeit abgehandelt.

---

[236] Die Notwendigkeit der Gegenseitigkeit kommt bei einigen Verträgen schon in ihrem Titel zum Ausdruck, vgl. etwa das Übereinkommen über die Annahme einheitlicher Bedingungen für die Genehmigung der Ausrüstungsgegenstände und Teile der Kraftfahrzeuge und über die gegenseitige Anerkennung der Genehmigung vom 30.6.1958 (BGBl. 1965 II 858), das Abkommen zwischen dem Deutschen Reich, Belgien, Frankreich und Italien betreffend die gegenseitige Anerkennung der Beschußzeichen für Handfeuerwaffen vom 13.12.1955 (BGBl. 1959 II 998), den Vertrag vom 12.12.1961 zwischen der Bundesrepublik Deutschland und der Republik Liberia zur Förderung und zum gegenseitigen Schutz von Kapitalanlagen (BGBl. 1967 II 1538). Andere Abkommen beschränken sich nach ihrem Text auf die „gegenseitige" Anerkennung, Mitteilung, Auslieferung usw., vgl. etwa Art. 1 des Übereinkommens über die Anerkennung und Vollstreckung von Entscheidungen auf dem Gebiet der Unterhaltspflicht gegenüber Kindern vom 15.4.1958 (BGBl. 1961 II 1006); Art. 5 Abs. II des Internationalen Vertrages zur Unterdrückung des Branntweinhandels unter den Nordseefischern auf Hoher See vom 16.11.1887 (RGBl. 1894, 427). Nach wieder anderen Verträgen „hängt die Anwendung dieses Abkommens (nicht) von der Gegenseitigkeit ab", vgl. etwa Art. 6 des Übereinkommens über das auf die Form letztwilliger Verfügungen anzuwendende Recht vom 5.10.1961 (BGBl. 1965 II 1145); Art. 6 des Internationalen Abkommens zur einheitlichen Feststellung von Regeln über die Immunitäten der Staatsschiffe vom 10.4.1926 (RGBl. 1927 II 484); Art. 5 des Internationalen Abkommens zur Bekämpfung der Falschmünzerei vom 20.4.1929 (RGBl. 1933 II 914); Art. 6 der Convention internationale pour l'unification de certaines règles relatives à la compétence civile en matière d'abordage (Rev.crit.dr.int.pr. 41, 1952, 816); Art. 1 Abs. 3 der Konvention von New York vom 10. Juni 1959 für die Anerkennung und Vollstreckung ausländischer Schiedssprüche (Clunet 1960, 600); Convention sur la loi applicable en matière d'accidents de la circulation routière (Conf. de la Haye, Actes et Doc. de la 11e session, t. I, p. 31). Nach Art. 2 des Übereinkommens und Statuts über die internationale Rechtsordnung der Seehäfen vom 9.12.1923 (RGBl. 1928 II 23) verpflichten sich die Vertragspartner „unter der Voraussetzung der Gegenseitigkeit".

[237] H. W. *Briggs*, Codification treaties and provisions on reciprocity, non-discrimination or retaliation, AJIL 56, 1962, 475; J. *Dehaussy*, Clunet 87, 1960, 702 ff., 714; G. A. L. *Droz*, Rev.crit.dr.int.pr. 46, 1957, 19 ff., 25 und: Rev.crit.dr.int.pr. 53, 1964, 663 ff., 668 f.; M. *Gutzwiller*, SchwJIR VIII 1951, 149 ff., 159 f.; R. *Kaiser*, Das europäische Übereinkommen über die internationale Handelsschiedsgerichtsbarkeit vom 21.4.1961, 1967, 58 ff.; A. *Lenhoff*, Reciprocity: The Legal Aspect of a Perennial Idea, Northwestern

III. Theoretische Einordnung der Problematik

Dies gilt insbesondere für die Arbeiten von *Niboyet* und *Virally*, welche dieses Problem zum erstenmal systematisch untersucht haben. Auf die theoretischen Grundfragen dieser Problematik braucht hier nicht näher eingegangen zu werden. Vereinfacht kann festgestellt werden, daß die Grundlagen des Gegenseitigkeitsprinzips meist entweder in der Gleichheit oder in der Souveränität der Staaten oder im Gleichgewicht (causa, Synallagma) der Vertragsleistungen gesucht werden. Die Gegenseitigkeitsproblematik greift aber einerseits weit über das Vertragsrecht hinaus, sie umfaßt etwa auch den Fall, daß ein nationales Gesetz die Gegenseitigkeit fordert. Soweit es sich um die vertragliche Gegenseitigkeit handelt, scheinen andererseits auch hier andere Probleme — nämlich das Ob und Wie der Leistung — unsere Frage in den Hintergrund zu drängen. Als Voraussetzung der Anwendung wird die Gegenseitigkeit schließlich gefordert, um die Leistung des begünstigten Staates an den Anwendungsstaat sicherzustellen und generell einen Zwang zum Beitritt auszuüben.

Wie schon gezeigt, gibt die Frage nach der Begünstigung aber nicht immer eine klare Abgrenzung der Zuordnungskriterien. Es nimmt deshalb nicht wunder, wenn die Autoren, welche die Gegenseitigkeit systematisch erforscht haben, auf die Zuordnungskriterien kaum eingehen[238]. Überdies ist die Begünstigung zwar ein wichtiger, keineswegs aber der einzige Gesichtspunkt für die Festlegung der Zuordnungskriterien[239]. Auch der aus der Vertragsstruktur geschöpften These von Niboyet und Virally, es spreche eine Vermutung für die vertragliche Gegenseitigkeit[240] wird man angesichts der obigen Untersuchungen[241] mit Zurückhaltung begegnen müssen, weil es einerseits Verträge gibt,

---

University Law Review 49, 1954 - 1955, 752 ff., 868; J. *Morellet*, La notion de réciprocité dans les traités de travail et les Conventions internationales de travail, Rev.crit.dr.int.pr. XXVI 1931, 642 ff.; *Niboyet*, La notion de réciprocité dans les traités diplomatiques de droit international privé, RdC 52, 1935 III, 251 ff.; B. *Nolde*, RdC 55, 1956 I, 301 ff., 410; O. *Riese*, RabelsZ 22, 1957, 16 ff., 27 und: RabelsZ 29, 1965, 1 ff.; M. *Virally*, Le principe de réciprocité dans le droit international contemporain, RdC 122, 1967 II, 1 ff.; Bericht der Commission spéciale zum Avant-Projet du 11 janvier 1955 relatif aux obligations alimentaires envers les enfants, Conf. de la Haye, Actes et Doc. relatifs à la 8e session, 131 ff.; Diskussion über das internationale Kaufrecht in Conf. de la Haye, Acte de la 7e session 1951, 74 ff. — Zur Gegenseitigkeit vgl. neuerdings B. *Simma*, Das Reziprozitätselement in der Entstehung des Völkergewohnheitsrechts, 1970, und: Das Reziprozitätselement im Zustandekommen völkerrechtlicher Verträge, 1972.

[238] Soweit ersichtlich, geht von der in Anm. 237 zitierten Literatur nur *Niboyet* (auf S. 284, Anm. 3) auf die Zuordnungskriterien näher ein.

[239] s. o. II 3 b.

[240] Für eine solche Vermutung sprechen sich ferner A. *Lenhoff* (aaO. oben Anm. 237, auf S. 768) und K. H. *Nadelmann* (Rev.crit.dr.int.pr. 47, 1958, 37 ff., 46 ff.) aus.

[241] s. o. I und II.

die der Natur der Sache nach auf jede Gegenseitigkeit verzichten und weil es andererseits ohne vertragliche Festlegung in zahlreichen Materien unmöglich ist, überhaupt sichere Zuordnungskriterien zu finden, so daß bei Anwendung einer solchen Vermutung die Abkommen ohne ausdrückliche Regelung der Zuordnungskriterien weithin unanwendbar würden. Zumindest aber ist diese Vermutung so schwach, daß sie nicht erst bei einer ausdrücklichen Regelung, sondern schon dann zurücktritt, wenn die Entstehungsgeschichte oder die Natur der Sache eine andere Lösung verlangen.

Für die Anwendbarkeit der Verträge reicht es meistens aus, daß die betreffenden Staaten Vertragspartner sind. Nur sehr selten wird gefordert, daß das Abkommen darüberhinaus in dem betreffenden Staat gilt. Noch seltener wird darauf abgestellt, daß der fremde Staat die eigenen Staatsangehörigen im selben Umfang schützt[242].

2. Die Lehre vom Vertrag zu Gunsten und zu Lasten Dritter

Wie wir gesehen haben, behandelt die Literatur unser Problem weitgehend unter dem Gesichtspunkt der Gegenseitigkeit, ohne indessen zu den konkreten Zuordnungskriterien vorzustoßen. Ähnlich finden sich einzelne Hinweise auf die Anwendungsproblematik auch bei Autoren, welche die Verträge zu Gunsten und zu Lasten Dritter untersuchen. Allerdings steht hier nicht der Anwendungsbereich der Verträge, sondern die Frage im Vordergrund, ob und wann Nichtvertragsstaaten durch Verträge auf der Völkerrechtsebene berechtigt oder verpflichtet werden[243]. Nur selten wird hierbei auf die Gegenseitigkeits-

---

[242] Vgl. etwa Art. 6 Abs. 2 des Berner Übereinkommens zum Schutz von Werken der Literatur und Kunst (BGBl. 1965 II 1214); Art. 4 Abs. 4 des Internationalen Übereinkommens zum Schutz von Pflanzenzüchtungen vom 2. 12. 1961 (BGBl. 1968 II 429).

[243] D. *Anzilotti*, Corso di diritto internazionale, Bd. I, 1955, 344; *Ballreich*, Festgabe Bilfinger 1954, 1; *Dahm*, Völkerrecht, Bd. III 1961, S. 112 ff.; G. H. *Hackworth*, Digest of international law, Bd. 5, 1943, § 492, S. 215 ff.; G. Giachem *Riz à Porta*, Der Vertrag zugunsten Dritter im Völkerrecht, 1942; G. *Grotta nelle dè Santé*, Il principio ‚Pacta tertiis nec nocent nec iuvent' e le attuali tendenzi internazionali, Studi Senesi 1954 - 55, 771 ff.; E. *Jimenéz de Arechága*, La stipulacion en favor de terceros estados en el derecho internacional, 1955, und: Treaty stipulations in favor of third States, AJIL 50, 1956, 338; *Kelsen*, Mélanges Mahaim II 1935, 164; *McNair*, Scritti di diritto internazionale in onore di T. Perassi II 1957, 21, und: A Note on Pacta tertiis, Varia Juris Gentium, Liber amicorum offert à J.-P. A. François 1959, 188 ff.; *Olivi*, Di alcuni effetti di trattati in rapporto ai terzi, 1940; *Pahr*, ÖZöR 6, 155, 600; R. F. *Roxburgh*, International Conventions and third States, 1917; G. *Salvioli*, I terzi Stati nel diritto internazionale, Riv.dir.int. VII 1918, 229; A. *Scrimali*, Efficacia dei trattati rispetto ai terzi, 1938, und: Zeitschr. f. öff. Recht 21, 1941, 190; J. *Wunschik*, Die Wirkung völkerrechtlicher Verträge für dritte Staaten, 1930; Lca *Meriggi*, I trattati ed i terzi, 1939.

problematik eingegangen²⁴⁴. Die Zusammenhänge zwischen beiden Problemen werden dabei nicht untersucht. Vereinzelt findet sich die Vermutung, daß Völkerrechtsverträge nur anwendbar sind, wenn die faktisch begünstigten oder belasteten Staaten Vertragspartner sind²⁴⁵. Auf die Zuordnungskriterien der Begünstigung oder Belastung wird nicht näher eingegangen. Soweit überhaupt Zuordnungskriterien angesprochen werden, findet sich eine zu enge Beschränkung auf die Staatsangehörigkeit der Individuen²⁴⁶.

Die Einbeziehung der Anwendungsfrage in die Problematik der Verträge zu Gunsten und zu Lasten Dritter erscheint schon deswegen fraglich, weil Begünstigung und Belastung²⁴⁷ nicht die einzigen Gesichtspunkte für die Festlegung der Zuordnungskriterien sind²⁴⁸. Stärker gegen eine solche Verknüpfung beider Problemkreise aber sprechen

---

²⁴⁴ Vgl. etwa A. D. *McNair*, L'application et l'interprétation des traités d'après la jurisprudence britannique, RdC 43, 1933 I, 247 ff., 290 ff.; *Jimenéz de Arechága* aaO., sowie die Literatur und Rspr. zu Anm. 246.

²⁴⁵ G. *Kojanec*, Trattati e terzi stati, 1961, S. 128 f.; Rapport de la Commission spéciale à l'Avant-Projet relatif à la Convention du 30 mars 1960 sur la protection des mineurs, Conf. de la Haye, Actes et Doc. de la 9ᵉ session, t. IV, 31; Diskussion über das internationale Kaufrecht in: Conf. de la Haye, Actes de la 7ᵉ session 1951, p. 74 ff.

²⁴⁶ Vgl. O. J. *Hoijer*, Les traités internationaux, Bd. II 1928, 334 ff.; G. *Kojanec*, Trattati e terzi stati, 1961, 87 ff., 193 ff.; L. *Oppenheim-Lauterpacht*, International Law, Bd. I, 8. Aufl. 1955, S. 929 Anm. 3; *Pillaut*, Nature juridique et effets généraux des traités internationaux, Clunet 46, 1919, 592 ff., 601 und die dort zit. Rspr., ferner The Jonge Jonias (1809) Edw. 128, British International Law Cases, vol. 6, p. 534 ff.

²⁴⁷ Bei folgenden Verträgen etwa wurde offenbar der Gesichtspunkt der Belastung für die Festlegung der Zuordnungskriterien herangezogen: Internationales Übereinkommen zum Schutz des menschlichen Lebens auf Hoher See von 1948 (BGBl. 1953 II 615); Abkommen über die soziale Sicherheit der Rheinschiffer (BGBl. 1951 II 243); Abkommen über die Arbeitsbedingungen der Rheinschiffer vom 21. 5. 1954 (BGBl. 1957 II 217); Übereinkommen über ein einheitliches System der Schiffsvermessung vom 10. 6. 1947 (BGBl. 1957 II 1471); Übereinkommen 56 über die Krankenversicherung der Schiffsleute (BGBl. 1956 II 892); Übereinkommen über die Änderung von Namen und Vornamen vom 4. 9. 1958 (BGBl. 1961 II 1076); Internationales Übereinkommen zum Schutz des menschlichen Lebens auf Hoher See 1960 (BGBl. 1965 480); Abkommen zur Bekämpfung des Alkoholschmuggels vom 19. 8. 1925 (RGBl. 1926 II 221); Übereinkommen zur einheitlichen Feststellung von Regeln über den Zusammenstoß von Schiffen vom 23. 9. 1910 (RGBl. 1913, 66); Internationaler Vertrag zur Bekämpfung des Branntweinhandels unter den Nordseefischern auf Hoher See vom 16. 11. 1887 (RGBl. 1894, 427); Übereinkommen 42 über den Heuervertrag der Schiffsleute (AA Bd. 30, Nr. 402); Abkommen zur Regelung des Walfangs vom 8. 6. 1937 (RGBl. 1937 II 540); Internationales Übereinkommen über den Freibord der Kauffahrteischiffe vom 5. 7. 1930 (RGBl. 1933 II 708). Vgl. auch den Rapport de la Commission spéciale zum Avant-Projet de Convention sur l'adoption, Conf. de la Haye, Actes et Doc. de la 10ᵉ session, t. II Adoption, p. 92 und 37; Rapport zum Avant-Projet vom 30. 3. 1960 sur la protection des mineurs, Conf. de la Haye, Actes et Doc. de la 9ᵉ session, t. IV, p. 31.

²⁴⁸ s. o.

theoretische Gesichtspunkte. Wenn auch die Lehre vereinzelt die rein *faktische* Begünstigung oder Belastung in die Problematik der Verträge zu Gunsten und zu Lasten Dritter einbezieht[249], gibt es doch keinen Völkerrechtssatz, der solche Begünstigungen oder Belastungen ausschließt oder beschränkt. Der einschlägige Völkerrechtssatz verbietet oder beschränkt vielmehr nur *rechtliche* Belastungen und Begünstigungen, also die Entstehung völkerrechtlicher Pflichten oder Rechte für dritte Staaten. Ob aber solche völkerrechtlichen Pflichten und Rechte für Drittstaaten entstehen, ist beim Anwendungsbereich der Verträge völlig irrelevant.

3. Die Lehre vom Anwendungsbereich

Wie wir gezeigt haben, sprechen die meisten Verträge unser Problem unter dem Stichwort des „Anwendungs-" oder „Geltungsbereichs" der Verträge an[250]. Damit tritt neben den zeitlichen, räumlichen, persönlichen und sachlichen Anwendungsbereich ein weiterer Problemkreis, der als „Anwendungsbereich hinsichtlich der Vertragspartner" bezeichnet werden kann. Diese Verselbständigung hat zunächst einmal den Vorteil, daß bei der Festlegung der Zuordnungskriterien der Praxis entsprechend auch andere Gesichtspunkte als die Begünstigung oder die Belastung berücksichtigt werden können. Ferner wird so klargestellt, daß die Anwendungsproblematik nicht wie bei der Gegenseitigkeit und beim Vertrag zu Gunsten und zu Lasten Dritter durch Rückgriff auf allgemeine Völkerrechtsprinzipien, sondern durch Auslegung des Vertrages selbst zu lösen ist. Und schließlich wird diese Einordnung auch der Tatsache gerecht, daß der Anwendungsbereich hinsichtlich der Vertragspartner in einer engen Beziehung mit dem räumlichen und zeitlichen Anwendungsbereich steht:

Fast alle multilateralen Verträge enthalten eine Territorialklausel, die festlegt, auf welche Gebiete (Mutterland, Kolonien, Treuhandgebiete usw.) der Vertrag anzuwenden ist. Meist wird damit ausdrücklich nur bestimmt, daß der Vertrag durch die Behörden und Gerichte in diesem Gebiet angewendet werden muß. Es gibt aber Territorialklauseln, die ausdrücklich verlangen, daß auch die Zuordnungskriterien der Gegenseitigkeit auf diese Gebiete verweisen müssen, daß es sich etwa um Angehörige der Protektoratsstaaten, um Personen, die in diesem Gebiet wohnhaft sind oder ihren gewöhnlichen Aufenthalt haben, um Schiffe, welche in diesen Gebieten registriert sind, um Waren, die aus

---

[249] C. H. *Winkler,* Verträge zu Gunsten und zu Lasten Dritter im Völkerrecht, 1932, S. 42 ff., 112 ff., sowie R. *Schäber,* Der Beitritt zu völkerrechtlichen Verträgen, 1937, 16 f.
[250] s. o.

diesen Gebieten stammen, um Urteile oder andere Hoheitsakte handeln muß, die in diesem Gebiet erlassen wurden.

So beschränkt etwa das Übereinkommen zwischen den Regierungen Belgiens, Frankreichs, Luxemburgs, der Niederlande und des Königreis Großbritannnien über Gastarbeitnehmer vom 17. April 1950[251] in Art. 1a die Vertragsrechte auf Staatsangehörige der Vertragspartner; im Anhang II werden die Anwendungsgebiete (nur Mutterland) definiert, im Anhang I wird festgelegt, daß das Abkommen auf Staatsbürger des Vereinigten Königreichs und seiner *Kolonien* Anwendung findet. Nach Art. 11 des mehrseitigen Abkommens über gewerbliche Rechte im nichtplanmäßigen Luftverkehr in Europa vom 30. April 1950[252] findet dieses Abkommen auf die Mutterländer der Vertragsstaaten Anwendung. Gemäß Art. 1 ist das Abkommen anzuwenden, wenn die in einem Mitgliedstaat der Europäischen Zivilluftfahrtkonferenz eingetragenen, von einem Staatsangehörigen eines Mitgliedstaats betriebenen Luftfahrzeuge für internationale Flüge in den Hoheitsgebieten eingesetzt werden, die nach Art. 11 unter das Abkommen fallen. Die durch das Europäische Niederlassungsabkommen vom 13. Dezember 1955[253] verliehenen Rechte sind auf die Angehörigen der Vertragspartner beschränkt. Art. 29 bestimmt den territorialen Anwendungsbereich des Abkommens. Nach Art. 30 Abs. 2 ist kein Vertragsstaat verpflichtet, die Begünstigungen dieses Abkommens denjenigen Staatsangehörigen der anderen Vertragsstaaten zu gewähren, die ihren gewöhnlichen Aufenthalt in einem Gebiet haben, auf welches das Abkommen nicht anzuwenden ist. Nach Art. 9 Abs. 1 des Abkommens zur Vereinheitlichung von Regeln über die Sicherheitsbeschlagnahme von Luftfahrzeugen vom 29. Mai 1933[254] ist dieser Vertrag im Gebiet jedes Vertragsteils auf alle im Gebiet eines der anderen Vertragsteile eingetragenen Luftfahrzeuge anzuwenden; Abs. 2 definiert dieses Gebiet. Nach Art. 1 des Internationalen Vertrages zum Schutz der unterseeischen Telegraphenkabel vom 14. März 1884[255] findet dieses Abkommen auf alle unterseeischen Kabel Anwendung, die auf den Staatsgebieten, Kolonien oder Besitzungen eines oder mehrerer hoher vertragschließender Teile landen.

Daß die Zuordnungskriterien auf ein Gebiet verweisen, auf welches der Vertrag nach seiner Territorialklausel anwendbar ist, wird auch ohne ausdrückliche Bestimmung im Vertrag zu recht gefordert. So hatte

---

[251] BGBl. 1960 II 445.
[252] BGBl. 1959 II 823.
[253] BGBl. 1959 II 998.
[254] RGBl. 1935 II 302.
[255] RGBl. 1888, 151.

3. Die Lehre vom Anwendungsbereich

es etwa das Kammergericht in einer Entscheidung vom 28. September 1931[256] abgelehnt, ein in Niederländisch-Indien erlassenes Schiedsurteil in Anwendung des Abkommens zur Regelung des Geltungsbereichs der Gesetze und der Gerichtsbarkeit auf dem Gebiet der Ehescheidung und der Trennung von Tisch und Bett vom 12. Juni 1902 anzuerkennen, weil zwar die Niederlande dem Abkommen beigetreten waren, sich dieser Vertrag aber nur auf die europäischen Gebiete der Vertragsstaaten bezieht. In seinem Urteil vom 27. Juni 1932[257] stellte das OLG Braunschweig zunächst die Regel auf, daß die Anwendung von Postabkommen eine Vertragsbeziehung zwischen den Gebieten des Aufgabe- und des Empfangsortes voraussetzt. Der Aufgabeort lag in Deutschland, der Empfangsort war Singapur (Strait settlements). Das Gericht stellte fest, daß Großbritannien dem Weltpostabkommen nicht beigetreten war. Mit Großbritannien sei zwar ein diesem Abkommen ähnlicher Postpaketvertrag geschlossen worden, dieser sei aber auf die Strait settlements nicht erstreckt worden. Anwendbar sei dagegen ein Abkommen, welches zwischen den Postverwaltungen Deutschlands und der Strait settlements abgeschlossen worden war.

Auch *Blagojevič* und *Niboyet* waren schließlich auf der 7ᵉ session der Conférence de la Haye[258] der Auffassung, daß die Gegenseitigkeitsproblematik mit der Territorialklausel in Zusammenhang steht.

Daß die Zuordnungskriterien auf ein Gebiet verweisen müssen, in welchem der Vertrag nach der Territorialklausel anwendbar ist, ergibt sich allerdings wohl nicht allein aus der Territorialklausel selbst, sondern aus dem Sinn und Zweck der Klauseln über die Gegenseitigkeit in Verbindung mit der Territorialklausel.

Die Bestimmungen über den zeitlichen Anwendungsbereich legen fest, ob der Vertrag auf facta praeterita, pendentia und futura anzuwenden ist[259]. Ein etwas anderes Zeitproblem stellt sich auch für den Anwendungsbereich hinsichtlich der Vertragspartner. Alle Zuordnungskriterien setzen nämlich Beziehungen des Sachverhalts zu einem oder mehreren Staaten voraus, die sich im Laufe der Zeit ändern können. Es ist deshalb sehr wichtig zu wissen, in welchem Zeitpunkt diese Zuordnung vorliegen muß.

In einer Reihe von Verträgen ist diese Frage ausdrücklich geregelt worden. So bestimmt etwa Art. 2 des Abkommens betreffend den

---

[256] IPR-Rspr. 1931, Nr. 147, S. 252.
[257] IPR-Rspr. 1932, Nr. 54, S. 118.
[258] Actes de la 7ᵉ session 1951, p. 77.
[259] Vgl. *Bleckmann*, Die Nichtrückwirkung völkerrechtlicher Verträge, ZaöRV 33 (1973), 38 ff.

Geltungsbereich der Gesetze in Ansehung der Wirkungen der Ehe auf die Rechte und Pflichten der Ehegatten in ihren persönlichen Beziehungen und auf das Vermögen der Ehegatten vom 17. Juli 1905[260], daß sich die vermögensrechtlichen Wirkungen nach dem Gesetz des Heimatstaates des Mannes *zur Zeit der Eheschließung* bestimmen. Gerade dieser Staat muß aber dem Vertrag beigetreten sein. Nach Art. 7 Abs. 1 der Convention internationale sur la limitation de la responsabilité des propriétaires de navires de mer vom 10. Oktober 1957[261] ist dieses Abkommen immer dann anzuwenden, wenn der Eigentümer eines Schiffes vor einem Gericht eines Vertragsstaates seine Haftung beschränken oder ein Schiff befreien will; Abs. 2 beläßt den Staaten das Recht, die Anwendung auszuschließen, wenn der Eigentümer *im Augenblick*, wo er die Befreiung geltend macht, seinen gewöhnlichen Aufenthalt nicht in einem Vertragsstaat hat oder das Schiff *zu diesem Zeitpunkt* nicht die Flagge eines Vertragsstaates führt. Art. 2 der Esquisse de Convention sur l'adoption internationale des enfants[262] sah vor, daß der Vertrag Anwendung findet, wenn der gewöhnliche Aufenthalt der Adoptiveltern und des Kindes in einem Vertragsstaat liegt. Der Bericht der Commission spéciale[263] hob hervor, daß Art. 2 nicht klarstellt, in welchem Zeitpunkt diese Anknüpfungen vorliegen müssen. Die Vertragsregeln könnten aber nur Wirksamkeit entfalten, wenn die für die Kompetenzverteilung wichtigen Zuordnungen während des ganzen dreiphasigen Verfahrens auf Behörden eines Vertragsstaates verweisen. Die Verlegung des gewöhnlichen Aufenthalts der Adoptiveltern in einen Nichtvertragsstaat mache den Abschluß des Adoptionsverfahrens unmöglich. Der gewöhnliche Aufenthalt der Adoptionsparteien müsse also *während des ganzen Verfahrens* innerhalb der Gebiete von Vertragspartnern liegen. Nach Abschluß der Adoption sei dagegen eine Verlegung des Aufenthalts unschädlich. Im Avant-Projet de Convention du 11 janvier 1955 relatif aux obligations alimentaires envers les enfants[264] wird der gewöhnliche Aufenthalt des Kindes in einem Vertragsstaat verlangt. Die Bundesrepublik Deutschland rügte[265], daß diese Bestimmung nicht klarstelle, ob der Vertrag auch dann anwendbar sei, wenn ein Kind mit gewöhnlichem Aufenthalt in einem Vertragsstaat Ansprüche geltend mache, die in einem Zeitpunkt entstanden seien, in welchem diese Bedingung nicht erfüllt worden sei. In der Diskussion über das Abkommen wurde hervorgehoben, daß das Kind auch vorherige

---

[260] RGBl. 1912, 453.
[261] RabelsZ 24, 1959, 742.
[262] Actes et Doc. de la 10e session, t. II, p. 22.
[263] aaO., S. 37.
[264] Conf. de la Haye, Doc. relatifs à la 8e session 1956.
[265] aaO., S. 134.

3. Die Lehre vom Anwendungsbereich

Ansprüche geltend machen dürfe[266]. Auch nach dem Bericht von de Winter[267] schließt die Fassung des Avant-Projet diese Möglichkeit nicht aus; die neue Redaktion „La Convention ne s'applique qu'aux cas où la loi désignée par l'article premier est celle d'un des Etats contractants" helfe aber diesem Bedenken ab.

Ist der entscheidende Zeitpunkt im Vertrag nicht festgelegt, entstehen manchmal erhebliche Auslegungsschwierigkeiten. Das zeigt etwa ein Fall, den das Bundessozialgericht zu entscheiden hatte[268]. Ein polnischer Arbeiter verstarb in der Bundesrepublik an den Folgen eines Arbeitsunfalls. Seine polnische Ehefrau wanderte nach Australien aus und erwarb dort später die australische Staatsangehörigkeit. Nach deutschem Sozialversicherungsrecht hatte die Ehefrau einen Anspruch auf Hinterbliebenenrente, der allerdings während des Auslandsaufenthaltes ruht. Diese Suspendierung wird durch das Übereinkommen Nr. 19 der ILO über die Gleichbehandlung einheimischer Arbeitnehmer bei der Entschädigung aus Anlaß von Betriebsunfällen vom 5. Juni 1925[268a] aufgehoben. Allerdings ist dieses Abkommen nur auf Angehörige von Vertragsstaaten anzuwenden. Nach Auslegung des Bundessozialgerichts kommt es dabei auf die Staatsangehörigkeit des Leistungsberechtigten und nicht des Verunglückten an. Dabei soll im Gegensatz zum diplomatischen Anspruch der Wechsel der Staatsangehörigkeit die Vertragsanwendung nicht ausschließen. Folglich teilte das Gericht die Leistungsansprüche in einen Anspruch für die Zeit der polnischen Staatsangehörigkeit und in einen Anspruch für die Zeit der australischen Staatsangehörigkeit auf. Für die erste Periode müsse Polen, für die zweite Periode Australien Vertragspartner sein. Daß Australien im Gegensatz zu Polen im Augenblick des Unfalls noch nicht Vertragspartner war, sei unbeachtlich.

Bisher haben wir von „Zuordnungskriterien" und „Anknüpfungspunkten" gesprochen. Das ist auch die Terminologie der Literatur. So spricht etwa Dölle[269] von „sachlichen, persönlichen oder territorialen Berührungspunkten", von der „spezifischen Beziehung" des internationalen Kaufvertrags zu einem Vertragsstaat, Droz[270] und Van Ryn[271] von „éléments de rattachement avec les Etats Contractants", der Rapport de la Commission spéciale zum Avant-Projet einer Convention

---

[266] aaO., S. 178.
[267] aaO., S. 313.
[268] Entsch. vom 18.12.1969, BSGE 30, 226.
[268a] RGBl. 1928 II 509.
[269] *Dölle*, RabelsZ 17, 1952, 161 ff., 182.
[270] Rev.crit.dr.int.pr. 53, 1964, 663 ff., 668.
[271] Clunet 91, 1964, 4 ff., 9; vgl. J.-D. *Bredin*, Clunet 87, 1960, 1002.

d'Adoption[272] von „points de rattachement", van Langenacken[273] davon, die „Convention vise toutes les adoptions qui se rattachent à l'un des pays contractants soit par la nationalité soit par la résidence habituelle".

4. Bestimmen die Zuordnungskriterien die Vertragspartner, mit denen völkerrechtliche Rechtsverhältnisse entstehen?

Wie wir gezeigt haben[274] sind nach zahlreichen Verträgen und Entscheidungen völkerrechtliche Verträge in der Regel nur „im Verhältnis zwischen" dem Anwendungsstaat und dem Staat oder den Staaten anzuwenden, welche durch die vertraglichen Zuordnungskriterien bestimmt werden. Es liegt deshalb nahe anzunehmen, daß im konkreten Fall auf der Völkerrechtsebene Rechtsverhältnisse aus dem Abkommen nur zwischen diesen Staaten, nicht aber auch mit anderen Vertragsstaaten entstehen. Dies gilt umso mehr, als dieses Problem meist unter dem Stichwort der Gegenseitigkeit abgehandelt[275], also stets verlangt wird, daß den völkerrechtlichen Pflichten des Anwendungsstaates dieselben völkerrechtlichen Pflichten eines bestimmten anderen Staates gegenüberstehen[276]. Eigenartigerweise geht die Literatur diesem Problem meist nicht näher nach, nimmt sie aber häufig ohne Begründung an, bei multilateralen Verträgen könne jeder Vertragsstaat die Vertragsverletzung rügen, entstünden also bei einer Vertragsverletzung Rechtsverhältnisse zwischen dem Verletzer und allen anderen Vertragsstaaten[277].

Daß die Literatur sich mit diesem Problem nicht näher auseinandergesetzt hat, liegt wohl an der Tatsache, daß es eine allgemeine Lehre der vertraglichen Rechtsverhältnisse und der Leistungsstörungen im

---

[272] Conf. de la Haye, Actes et Doc. de la 10e session, t. II, p. 92.
[273] aaO., S. 206.
[274] s. o.
[275] s. o.
[276] Vgl. etwa *Dehaussy*, Clunet 87, 1960, 702 ff., 714.
[277] Vgl. etwa A. *Roth*, Das völkerrechtliche Delikt vor und in den Verhandlungen auf der Haager Kodifikationskonferenz 1930, 1932, 14; H. *Walter*, Die Europäische Menschenrechtsordnung, 1970, 78. Differenzierend dagegen etwa W. *Wengler*, Völkerrecht I, 1964, 150, 590 ff.; B. *Simma*, Das Reziprozitätselement im Zustandekommen völkerrechtlicher Verträge, 1972, 152, nach denen es auf eine Auslegung des Vertrages ankommt. Diese beiden Autoren untersuchen aber nicht, in welchen Fällen nur bestimmte Vertragspartner einen Anspruch erwerben und wie diese Vertragspartner abgegrenzt werden können. Hier können die konkreten Zuordnungskriterien des Vertrages weiterhelfen. Die Zuordnungskriterien bestimmen dabei nicht nur die Vertragspartner, denen Ansprüche erwachsen (III 4 d). Enthält der Vertrag Gegenseitigkeitskriterien, muß man vielmehr auch davon ausgehen, daß grundsätzlich nur die betreffenden und nicht alle Vertragspartner Ansprüche erwerben.

4. Bestimmen die Zuordnungskriterien die Vertragspartner? 67

Völkerrecht noch nicht gibt. Um Ansatzpunkte für eine Lösung unserer Frage zu gewinnen, ob und wie die Zuordnungskriterien die völkerrechtlichen Rechtsverhältnisse beeinflussen, muß man deshalb von den Teilbereichen der Gesamtproblematik der völkerrechtlichen Rechtsverhältnisse ausgehen, die eingehend behandelt worden sind, nämlich von der völkerrechtlichen Haftung und vom diplomatischen Anspruch.

a) Die Lehre von den völkerrechtlichen Rechtsverhältnissen im Rahmen der Lehre vom völkerrechtlichen Schadensersatzanspruch

Nur selten behandelt die Literatur über das völkerrechtliche Vertragsrecht die Probleme der Vertragsverletzung[278]. Soweit dies wie etwa bei McNair[279] geschieht, wird nur das Schadensersatzrecht und auch dieses in einer Form behandelt, die klarstellt, daß es sich nur um einen Anwendungsfall des allgemeinen völkerrechtlichen Schadensersatzrechtes handelt. Umgekehrt behandelt die Literatur zum Völkerrechtsdelikt die Verletzung des allgemeinen Völkerrechts und des Vertragsrechts weitgehend parallel[280]. Schon in diesen Tatsachen kommt deutlich zum Ausdruck, daß es im Gegensatz wohl zu allen nationalen Rechtsordnungen im Völkerrecht die Unterscheidung zwischen vertraglichen und außervertraglichen Schadensersatzansprüchen mit zum Teil parallelen, zum Teil aber auch abweichenden Regeln nicht gibt[281]. Das bedeutet, daß die Haftung auch bei einer Vertragsverletzung nicht aus dem jeweils verletzten Vertrag, sondern aus allgemeinen Regeln des Völkergewohnheitsrechts fließt[282]. Nach diesen allgemeinen Regeln werden gewöhnlich[283] fünf Tatbestandsmerkmale der Haftung vorausgesetzt[284]:

---

[278] Nicht behandelt ist diese Frage etwa im Werk von O. *Hoijer*, Les traités, 1928. Auch die Wiener Vertragsrechtskonvention behandelt dieses Problem bekanntlich nicht.

[279] Law of Treaties, 1961, Teil VI, S. 539 ff.: „Breach of Treaties."

[280] Stets wird verlangt, daß das Handeln rechtswidrig sein muß und dann unter der Rechtswidrigkeit der Verstoß sowohl gegen das allgemeine Völkerrecht wie der Verstoß gegen Vertragsrecht verstanden, vgl. etwa *Roth* aaO., S. 14 und den dort S. 178 abgedruckten Text der Haager Verhandlungen von 1930; J. *Personnaz*, La réparation du préjudice en droit international public, 1939, S. 52; *Reuter*, La responsabilité internationale, 1955/6, S. 52 ff.; M. M. *Whiteman*, Damages in International Law, Bd. 1, 1937, S. 6.

[281] So ausdrücklich P. *Reuter* aaO., S. 55.

[282] s. o. Anm. 280.

[283] Die in den folgenden Anmerkungen zitierten Werke gehen nicht auf die Frage ein, ob neben den fünf Tatbestandsmerkmalen stets oder zumindest in bestimmten Fällen auch ein Verschulden gefordert wird. Soweit umgekehrt die Untersuchung auf die Verschuldensfrage ausgerichtet ist (vgl. etwa

III. Theoretische Einordnung der Problematik

— ein Handeln oder Unterlassen
— das dem in Anspruch genommenen Staat zuzurechnen ist,
— gegen eine Norm des Völkerrechts (Gewohnheitsrecht oder Vertragsrecht) verstößt und
— kausal
— für einen Schaden ist.

Nun kann sicherlich nur ein Vertragsstaat den Vertrag verletzen und sich ein anderer Vertragsstaat auf diese Verletzung berufen. Dabei stellt sich die Frage, ob alle oder nur bestimmte Vertragsstaaten die Vertragsverletzung geltend machen können. Die daraus fließende Problematik, zwischen welchen Staaten bei einer Vertragsverletzung Rechtsverhältnisse entstehen, wird von der Lehre — soweit sie dieses Problem überhaupt sieht[285] — im Rahmen dieser fünf Tatbestandsmerkmale jeweils an anderer Stelle und jeweils verschieden behandelt.

Die meisten Autoren sprechen unser Problem im Rahmen des *Schadens* an. Insoweit werden allerdings unterschiedliche Auffassungen vertreten. Nach einigen Autoren muß ein „Recht" verletzt sein[286]. Darunter wird man wohl verstehen müssen, daß das Völkerrecht und insbesondere der Vertrag die verletzten Interessen und damit den verletzten Staat schützt[287]. In aller Regel begnügt man sich aber mit der Verletzung faktischer Interessen[288]. Dabei zählt die Lehre die Interessen

---

A. *Carlebach*, Le problème de la faute et sa place dans la norme du droit international, 1962; R.-L. *Perret*, De la faute et du devoir en droit international, 1962; J.-P. *Queneudec*, La responsabilité internationale de l'Etat pour les fautes personnelles de ses agents) wird in der Regel die Rechtswidrigkeit und ihr Verhältnis zur Schuld nicht behandelt oder aber nach französischem Vorbild in die faute einbezogen. Nur *Rousseau* (La responsabilité internationale, Première Partie: Théorie de la protection diplomatique, 1959/60, S. 24 ff., 30 ff.) unterscheidet klar zwischen illicéité und faute. Um die folgenden Ausführungen nicht zu belasten, wurde die Verschuldensfrage bewußt ausgeklammert.

[284] Vgl. etwa C. F. *Amerasinghe*, State responsibility for injuries to aliens, 1967, S. 37 ff.; L. *Caflisch*, La protection des sociétés commerciales et des intéressés indirects en droit international public, 1969, S. 11; *Reuter* aaO., S. 52; *Roth* aaO., S. 1 ff.; *Rousseau* aaO., S. 31 ff.

[285] Nichts zu dieser Frage findet man etwa im Entwurfstext bei *Roth* aaO., S. 187, bei *Amerasinghe* aaO., *Hoijer*, La responsabilité internationale des Etats, 1930, *Rousseau* aaO., S. 31.

[286] A. *Olivi*, Gli atti illeciti in rapporto al diritto internazionale, 1939, S. 19. Zur Gegenüberstellung der Theorie der Rechte und der Theorie der Interessen vgl. A. *Bleckmann*, Das Ziel des gerichtlichen Rechtsschutzes: Schutz des Einzelnen oder objektive Kontrolle der vollziehenden Gewalt? Die Rolle der Klagebefugnis, in: H. *Mosler*, Gerichtsschutz gegen die Exekutive, Bd. 3, 1971, S. 21 ff.

[287] *Roth* S. 14.

[288] So wohl *Reuter* aaO., S. 108 ff. („préjudice" im Sinne des französischen Rechts); *Personnaz* aaO. (S. 14 ff., 56 ff., 111 ff., 157 ff., 276 ff.: „lésion d'intérêts et de droits").

4. Bestimmen die Zuordnungskriterien die Vertragspartner?

in der Regel abstrakt auf. Sie unterscheidet hierbei zwischen Interessen des Staates (Würde, Gebiet, Vermögen usw.) und denen von Individuen[289]. Soweit unmittelbar Individuen verletzt sind, wird auf die Lehre vom diplomatischen Anspruch zurückgegriffen[290]. Sofern es sich um Rechte aus Völkerrechtsverträgen handelt, werden nur die Interessen der Staaten berücksichtigt, die durch den Vertrag begünstigt sind. Dabei wird zwar meist angenommen, daß alle Vertragsstaaten begünstigt werden[291]. Nur vereinzelt wird gesehen, daß der Vertrag im konkreten Fall nur bestimmte Interessen und damit bestimmte Vertragsstaaten begünstigt. *Personnaz*[292] etwa unterscheidet zwischen materiell und nur immateriell verletzten Staaten; immateriell verletzt seien alle Vertragsstaaten, da sie ein Interesse an der „Integrität" des Vertragswerkes hätten. Wie die „materielle" Verletzung abzugrenzen ist, ob auch bei einer nur immateriellen Verletzung ein Schadensersatzanspruch entsteht, wird nicht untersucht.

Im Rahmen des Schadens kann immer nur eine Seite des vertraglichen Rechtsverhältnisses, nämlich die Begünstigung oder das Recht untersucht werden. Auch soweit die Lehre diesen Aspekt dem Schadensbegriff zuordnet, muß sie deshalb die andere Seite, die Frage nach der Belastung oder der Verpflichtung, im Rahmen der *Rechtswidrigkeit* (Verletzung einer Pflicht, nicht einer abstrakten Norm) prüfen[293]. Das wirft die Frage auf, ob man nicht auch den Aspekt der Begünstigung durch den Vertrag der Rechtswidrigkeit zuordnen kann. Dies ist in der Tat in zweifacher Weise möglich. Entweder hält man an der Forderung der Verletzung einer Norm fest[294], untersucht dann aber im Rahmen des Anwendungsbereichs, gegenüber wem diese Norm im konkreten Fall gilt, oder man verlangt, daß die Handlung nicht einer Norm, sondern subjektiven Rechten eines anderen Staates widerspricht[294a]. Man kann schließlich auch Begünstigung und Verpflichtung zusammenfassen und fordern, daß das Handeln ein Rechtsverhältnis zwischen dem Verletzer und dem Verletzten beeinträchtigt, diesem Rechtsverhältnis wider-

---

[289] Vgl. *Personnaz* aaO., *Reuter*, aaO., S. 157.
[290] Vgl. *Amerasinghe* aaO., S. 56 ff.; *Reuter* aaO., S. 138, 157, 52 ff.
[291] *Roth* aaO., S. 14.
[292] aaO., S. 110 ff.
[293] *Amerasinghe* aaO., S. 37; *Olivi* aaO., S. 19, 21; *Personnaz* aaO., S. 56; *Reuter* aaO., S. 52 ff.
[294] So *Reuter* aaO., S. 52 ff.; *Personnaz* aaO., S. 56.
[294a] C.P.J.I. Affaire des Phosphates marocains, 14. 4. 1938, A/B, S. 74: „S'agissant d'un acte imputable à l'Etat et décrit comme contraire aux droits conventionnels d'un autre Etat, la responsabilité internationale s'établit directement dans le plan de ces relations entre ces Etats." *Roth* aaO., S. 4 spricht bei Vertragsverletzungen von einer „Rechtswidrigkeit gegenüber Vertragspartnern".

spricht[295]. In all diesen Fällen könnten die Zuordnungskriterien des Anwendungsbereichs der Verträge hinzugezogen werden, um den Staat zu bestimmen, gegenüber dem die Vertragspflicht im konkreten Fall besteht. Dieses Problem wird aber von der Lehre vom Schadensersatz nicht untersucht.

b) Die Lehre von den völkerrechtlichen Rechtsverhältnissen im Rahmen des diplomatischen Anspruchs

Die Lehre vom diplomatischen Anspruch steht mit der völkerrechtlichen Schadensersatzlehre in engem Zusammenhang. Das zeigt sich schon rein äußerlich darin, daß einerseits der diplomatische Anspruch in den Arbeiten über den Schadensersatz[296], andererseits die völkerrechtliche Haftung in den Werken über den diplomatischen Anspruch[297] abgehandelt wird. Meistens wird der diplomatische Anspruch sogar nur als ein Ausschnitt aus der Schadensersatzproblematik begriffen, als der Ausschnitt nämlich, der den Schadensersatz behandelt, wenn nicht der Staat, sondern ein Individuum unmittelbar verletzt ist. Diese völlige Einbeziehung in die Schadensersatzproblematik versteht sich allerdings nur dann von selbst, wenn die Vertragsverletzungen ähnlich wie im britischen Recht ausschließlich zu Schadensersatzansprüchen führten, wenn also einerseits die Vertragsverletzungen keine anderen Rechtsfolgen als Schadensersatzansprüche auslösen könnten und andererseits aus völkerrechtlichen Verträgen Rechte und Pflichten nur bei Vertragsverletzungen erwüchsen. Es mag sein, daß diese zu enge Auffassung bisher die volle Entwicklung einer allgemeinen Lehre der Völkerrechtsverhältnisse verhindert hat. Richtig ist sie wohl kaum, wie schon die Tatsache zeigt, daß zahlreiche internationale Gerichtsentscheidungen Verträge auslegen, um hieraus fließende Rechte und Pflichten feststellen zu könnnen. Dabei wird auch außerhalb von Schadensersatzansprüchen auf das Recht des diplomatischen Schutzes zurückgegriffen[298], sobald es sich unmittelbar nicht um den Staat, sondern um ein Individuum handelt. Will man das Verhältnis der verschiedenen Rechtsmaterien zueinander richtig charakterisieren, muß man also festhalten:

---

[295] *Olivi* aaO., S. 19: „comportamento che violando il diritto di un altro subietto internazionale, si contrappone al proprio dovere giuridico internazionale", S. 21: „obietto del atto illecito ... è la norma che viene violate con la condotta dello Stato in contrapposizione all'abbligo assonto di fronte ad altro Stato ...."

[296] s. o. bei Anm. 290.

[297] Vgl. etwa *Rousseau* aaO., ferner etwa *Caflisch* aaO., S. 11; F. S. *Dunn*, The protection of nationals, 1932.

[298] Vgl. etwa die bei E. *Pittard*, La protection à l'étranger, 1896, S. 327 ff. im Rahmen des diplomatischen untersuchten Ansprüche auf Maßnahmen de futuro.

4. Bestimmen die Zuordnungskriterien die Vertragspartner?

Die umfassendste Kategorie bildet eine noch zu entwickelnde allgemeine Lehre von den völkerrechtlichen Rechtsverhältnissen insbesondere im Bereich des Vertragsrechts. Die Lehre vom Schadensersatz bildet nur einen Ausschnitt aus dieser allgemeinen Lehre. Die Lehre vom diplomatischen Anspruch betrifft einen Sonderfall der Lehre vom allgemeinen Rechtsverhältnis und der Lehre von der völkerrechtlichen Haftung; sie greift immer dann ein, wenn unmittelbar betroffen ein Individuum und nicht der Staat ist. Konkret behandelt in der Literatur wird meist nur der Teil der Lehre vom diplomatischen Anspruch, der einen Ausschnitt der Schadensersatzproblematik darstellt.

Aus diesen Gründen kann hier der diplomatische Anspruch zunächst nur als Ausschnitt des Schadensersatzrechts behandelt werden. Insofern kann man aus den obigen Ausführungen über den Schadensersatz entnehmen, daß unsere Problematik sowohl der Rechtswidrigkeit[299] als auch dem Schadensbegriff zugeordnet werden kann. Das Problem der subjektiven Rechte im Rahmen des Schadensbegriffs abzuhandeln, liegt insbesondere dann nahe, wenn man mit der klassischen Lehre annimmt, daß der Staat „in der Person seines Staatsangehörigen verletzt wird", er also beim diplomatischen Anspruch ein eigenes Recht auf Wiedergutmachung des ihm in der Verletzung seines Staatsangehörigen entstandenen Schadens geltend macht[300]. Die neuere Lehre geht dagegen davon aus, daß in solchen Fällen das Individuum unmittelbar verletzt ist, der Staat nur in Prozeßstandschaft für dieses Individuum handelt, wenn er den diplomatischen Anspruch geltend macht. Dieses Problem der Prozeßstandschaft oder Klagebefugnis und damit unsere Frage nach dem völkerrechtlichen Rechtsverhältnis wäre dann nicht in oder neben den Tatbestandsmerkmalen des materiellen Anspruchs, sondern im Rahmen dieser Prozeßvoraussetzungen zu prüfen[301].

Auf unsere Problematik hat die Zuordnung der Frage nach dem Rechtsverhältnis zu den Tatbestandsmerkmalen oder zu einer selbständigen Prozeßvoraussetzung keine Auswirkung. Untersucht man die in der Literatur verwendeten Zuordnungskriterien, stellt man fest, daß diese meist abstrakt, d. h. ohne Bezugnahme auf die Zuordnungs-

---

[299] Vgl. etwa C.-H. *Kollmeyer*, Die Lehre vom Schutzrecht und die Praxis der internationalen Schiedsgerichte in Claimssachen, 1940, S. 20.

[300] Vgl. E. M. *Borchard*, The diplomatic protection of citizens abroad or the Law of International Claims, 1916, 351, 360 f.; sowie: Les principes de la protection diplomatique des nationaux à l'étranger, Bibliotheca Visseriana Bd. III, 1924, 5; R. *Hilger*, Die Geltendmachung von Ansprüchen aus einer völkerrechtswidrigen Verletzung von Privatpersonen, 1966, 16 ff.

[301] Vgl. *Caflisch* aaO., S. 13 ff. und die dort zitierte internationale Rechtsprechung, die Zusammenfassung bei *Hilger*, aaO., S. 102 ff., 106 ff. und insbesondere die dort dargelegten Auffassungen von *Doehring*, *Geck*, *Hallier* und *Dahm*, die Zusammenfassung der Literatur und Rechtsprechung bei G. *Battaglini*, La protezione diplomatica delle società, 1957, 52 ff.

kriterien des konkreten Vertrages festgelegt werden, daß aber auf der anderen Seite vielfache Anknüpfungen verwendet werden. Der diplomatische Anspruch knüpft in der Tat nicht nur an die Staatsangehörigkeit von Einzelpersonen, sondern auch an die — verschieden definierte — Staatsangehörigkeit von Gesellschaften[302] und Schiffen[303] an. Vereinzelt wird aber auch gesehen, daß die Zuordnungskriterien unmittelbar dem konkreten Vertrag entnommen werden können[304]. Am weistesten geht hier wohl *Caflisch,* der die umfangreiche Vertragspraxis (Niederlassungs-, Schieds-, Entschädigungs-, Friedensverträge usw.) daraufhin untersucht, welche unterschiedlichen (Staat, nach dessen Recht die Gesellschaft errichtet wurde, tatsächlicher Verwaltungssitz, Mittelpunkt der Tätigkeit oder Kontrolle, Domizil der Gesellschaft) Zuordnungskriterien herangezogen werden müssen, um die Staaten zu bestimmen, welche die Vertragsrechte auf der Völkerrechtsebene geltend machen dürfen. *Caflisch* ist dabei der Ansicht, daß nur die durch diese vertragliche Zuordnungskriterien bestimmten Staaten diese Rechte wahrnehmen dürften, diese Staaten andererseits auch immer Vertragsansprüche besäßen. Die völlige Deckung unserer Problematik mit der Frage der Zuordnung des diplomatischen Anspruchs ergibt sich deutlich aus folgenden Sätzen[305]:

> Les conventions appartenant à cette catégorie (traités d'amitié, d'établissement, de commerce, et accords relatifs à la protection des investissements) attribuent certains droits et devoirs aux sociétés de l'une des Hautes Parties Contractantes sur le territoire de l'autre. Le refus, par l'une des Parties, de faire bénéficier une entité rattachée à l'autre Partie des droits garantis par le traité constitue un acte illicite international qui peut entraîner la responsabilité de la première Partie à l'égard de la seconde. Pour qu'il y ait acte illicite, il faut évidemment que l'entité, dont il s'agit appartienne à l'Etat réclamant en conformité des points de rattachement établis par la convention. Nous avons constaté plus haut que cette condition revêt un caractère préjudiciel et touche surtout à la recevabilité de la demande formulée par l'Etat réclamant. Or, les liens rattachant les sociétés de commerce à un Etat donné varient d'un traité à l'autre...

---

[302] *Battaglini* aaO., *Caflisch* aaO., *Hilger* aaO.; J.-P. *de Hochepied,* La protection diplomatique des sociétés et des actionnaires, 1965.

[303] P. M. *Blaser,* La nationalité et la protection juridique internationale de l'individu, 1962, 100 ff.; *Hilger* aaO., 17.

[304] Etwas unklar: *Kollmeyer* aaO., S. 14 für Niederlassungsverträge; *Borchard,* Diplomatic protection aaO., 15; *de Hochepied* aaO., S. 7 ff.

[305] aaO., S. 26 f.

4. Bestimmen die Zuordnungskriterien die Vertragspartner? 73

c) *Die Bestimmung der völkerrechtlichen Rechtsverhältnisse bei aus den Verträgen selbst fließenden Rechten und Pflichten*

Beim Schadensersatzrecht und bei dem auf das Schadensersatzrecht beschränkten Ausschnitt des diplomatischen Anspruchs folgt die Zuordnung des Anspruchs, hier also des Anspruchs auf Schadensersatz, aus der Tatsache, daß ein Akt die vertraglichen Rechte oder die Interessen des Staates oder seines Staatsangehörigen verletzt hat. Bei anderen Ansprüchen aus Verträgen kann die Zuordnung nicht aus Rechts- oder Interessenverletzungen fließen. Der geltend gemachte Anspruch muß vielmehr unmittelbar dem Staat zugeordnet werden. Eine derartige unmittelbare Anspruchszuordnung findet sich manchmal auch in der Rechtsprechung und Literatur zum diplomatischen Anspruch. So führt etwa der Ständige Internationale Gerichtshof im Mavrommatis-Urteil vom 26. März 1925[306] aus:

> En prenant fait et cause pour l'un des siens, en mettant en mouvement, en sa faveur, l'action diplomatique ou l'action juridique internationale, cet Etat fait, à vrai dire, valoir son droit propre, le droit qu'il a de faire respecter, en la personne de ses ressortissants, le droit international,

und Borchard meint, der diplomatische Schutz sei „basé sur le droit de l'Etat de demander aux autres Etats, pour ses ressortissants, un traitement conforme au droit international"[307], „based upon its claim against other States to have its nationals treated in accordance with the rules of international law"[308].

Bei Verträgen könnte auf Grund der Zuordnungskriterien des Anwendungsbereichs hinsichtlich der Vertragspartner unmittelbar festgestellt werden, welchen Vertragsstaaten im konkreten Fall ein bestimmter Anspruch aus dem Vertrag erwachsen ist. Hier wird die Rechtszuteilung also unmittelbar vom Vertrag her außerhalb der Tatbestandsmerkmale eines Gewohnheitsrechtssatzes bestimmt. Zumindest wenn es sich nicht um Rechte von Individuen handelt, wird hier also die Zuordnung als materiellrechtliches Problem begriffen.

d) *Generelle Lösung der Problematik*

Die obigen Ausführungen dürften gezeigt haben, daß die Zuordnungsproblematik grundsätzlich dieselbe bleibt, ganz gleich ob sie prozessual oder materiellrechtlich und dabei im Rahmen des einen oder anderen

---

[306] Série A No. 2, p. 12.
[307] Protection diplomatique aaO., S. 16.
[308] Diplomatic protection aaO., S. 353.

Tatbestandsmerkmals des Schadensersatzanspruchs oder außerhalb dieser Merkmale relevant wird. Immer geht es darum, die Parteien eines konkreten Rechtsverhältnisses zu bestimmen, das einem multilateralen Vertrag entspringt. Hinsichtlich der Anspruchsberechtigung[309] sind dabei drei Lösungen denkbar. Anspruchsberechtigt können zunächst alle Partner des multilateralen Vertrages sein. Dann verlöre die sorgfältige Begrenzung der Anspruchsberechtigten im Rahmen der Lehre vom diplomatischen Anspruch jedenfalls bei multilateralen Übereinkommen jegliche Bedeutung. Gegen eine solche Ausweitung der Anspruchsberechtigten spricht auch, daß Abkommen wie die Europäische Menschenrechtskonvention, die ersichtlich allen Vertragspartnern Ansprüche gewährt, in der Lehre immer als Ausnahme von einer allgemeinen Regel begriffen wurden. Grundsätzlich sind also auch bei multilateralen Verträgen im konkreten Fall immer nur bestimmte Vertragspartner anspruchsberechtigt. Das gilt insbesondere dann, wenn das Übereinkommen an der Gegenseitigkeit festhält und bestimmte Zuordnungskriterien enthält. Diese Staaten können dann entweder wie beim diplomatischen Anspruch durch abstrakte Zuordnungskriterien oder aber durch die konkreten Zuordnungskriterien des Vertrages bestimmt werden.

(1) Für die Zuordnung des diplomatischen Anspruchs werden meist abstrakte Kriterien verwendet, das heißt es wird ohne Rücksicht auf die Zuordnungskriterien des konkreten Vertrages der Schutzstaat nach der Staatsangehörigkeit der Individuen oder Gesellschaften bestimmt. In einem solchen System werden die Zuordnungskriterien des Vertrages nicht für die Bestimmung des völkerrechtlichen Rechtsverhältnisses herangezogen, sondern sie dienen nur der Abgrenzung des Anwendungsbereichs des Vertrages. Selbst wenn ein multilateraler Vertrag seine Anwendung etwa davon abhängig macht, daß die beteiligten Individuen in einem bestimmten Staat ihren gewöhnlichen Aufenthalt haben, entstehen also Rechte auf der Völkerrechtsebene immer und nur für den Staat, um dessen Angehörige es sich im konkreten Fall handelt. Auf diesen Angehörigen ist der Vertrag allerdings nur anwendbar, wenn er auch in einem Vertragsstaat seinen gewöhnlichen Aufenthalt hat. Der gewöhnliche Aufenthalt ist hier also nur ein Tatbestandsmerkmal des Anspruchs, dient aber nicht der Rechtszuteilung. Diese Konstruktion ist zumindest dann mißlich, wenn der Vertrag Rechte und Pflichten den Angehörigen, Gesellschaften oder Schiffen eines Vertragsstaates zuordnet und dabei die Staatsangehörigkeit der Individuen, vor allem aber der Gesellschaften und Schiffe näher be-

---

[309] Zur Aktiv- und Passivlegitimation vgl. *Wengler*, Völkerrecht, Bd. I, 1964, 149 f., 576 ff., 582 ff., 590 ff.

4. Bestimmen die Zuordnungskriterien die Vertragspartner?

stimmt. In solchen Fällen wird man davon ausgehen müssen, daß die Zuordnungskriterien des Anwendungsbereichs gleichzeitig die abstrakten Zuordnungskriterien des diplomatischen Anspruchs näher bestimmen, weil sonst die Zuordnungskriterien unnötig verdoppelt und Staaten Rechte zugeteilt werden, die sie nach dem Vertrag nicht erwerben sollen. Die Zuordnungskriterien der verschiedenen Verträge können natürlich auch herangezogen werden, um als ständige Praxis die abstrakten Zuordnungskriterien etwa der Staatsangehörigkeit von Gesellschaften näher festzulegen.

Diese Konstruktion zieht zwar in einem gewissen Umfang die Zuordnungskriterien des Anwendungsbereichs heran, um die Zuordnungskriterien des diplomatischen Anspruchs näher zu bestimmen. Es handelt sich aber beim Anwendungsbereich und bei der Rechtszuordnung um zwei verschiedene Problemkreise mit ihren eigenen, sich nur teilweise deckenden Regeln. So ist etwa für den diplomatischen Anspruch erforderlich, daß das betreffende Individuum von der Verletzung bis zur Geltendmachung des Anspruchs die Staatsangehörigkeit des Protektors ununterbrochen besitzt, während es für den Anwendungsbereich in der Regel ausreicht, wenn diese Staatsangehörigkeit zu einem bestimmten Zeitpunkt — etwa bei der Verletzung des Vertrages — bestand. Auch die Durchgriffsproblematik bei Gesellschaften und Schiffen könnte so unterschiedlichen Regeln folgen.

Nun können die Zuordnungen des diplomatischen Anspruchs zwar über Individuen hinaus auf Gesellschaften und Schiffe ausgedehnt werden. Sicherlich sind aber die Regeln des diplomatischen Anspruchs ausgeschlossen, wenn es sich um die Verletzung anderer „konstitutiver Elemente"[310] (Gebiet, Hoheitsgewalt, Hoheitsakte, Währung, Wappen, Diplomaten, Konsuln usw.) des Staates handelt, weil der diplomatische Anspruch die unmittelbare Verletzung einer natürlichen oder juristischen Person voraussetzt. Auch in diesen Fällen können aber sicherlich Rechte der betreffenden Staaten entstehen. Hält man sich an das Modell des diplomatischen Anspruchs, werden auch diese Rechte nach abstrakten Interessen (am Gebiet, an den Hoheitsakten, an der Währung usw.) oder Rechten (Gebiets- oder Personalhoheit, Souveränität, Gleichheit, Integrität des Staatsgebiets und der Staatsgewalt usw.) bestimmt. Setzte etwa ein multilateraler Vertrag über die Anerkennung fremder Scheidungsurteile immer und nur voraus, daß die Rechtswirkungen einer Scheidung von Angehörigen der Vertragsstaaten geltend gemacht werden, hätte wohl auch der Vertragsanspruch, um dessen Urteil es sich handelt, einen Vertragsanspruch. Wird für Einfuhrvergünstigungen auf die Staatsangehörigkeit des Exporteurs

---

[310] So *Kollmeyer* aaO., S. 19.

oder Importeurs abgestellt, hat der Staat, um dessen Ware es sich handelt, einen Vertragsanspruch. Wie beim diplomatischen Anspruch wird man auch hier auf die Zuordnungskriterien des konkreten Vertrages oder einer ständigen Vertragspraxis zurückgreifen können, um diese abstrakten Rechte oder schutzwürdigen Interessen näher zu bestimmen. Aber auch hier handelt es sich beim Anwendungsbereich und bei der Anspruchszuweisung um zwei verschiedene Problemkreise mit ihren eigenen Regeln.

(2) Im zweiten denkbaren System bestimmen die konkreten Zuordnungskriterien des Anwendungsbereichs die Vertragsstaaten, denen aus dem Vertrag Rechte erwachsen. Rechte aus dem Vertrag erwerben also immer und nur die Staaten, auf welche im konkreten Fall die Zuordnungskriterien des Anwendungsbereichs verweisen.

Hier entstehen zunächst interessante Probleme, soweit die Zuordnungskriterien gleichzeitig auf zwei oder mehr Staaten verweisen. Verweist der Vertrag im konkreten Fall auf zwei Staaten, entstehen wohl nicht ein dreiseitiges oder drei zweiseitige Vertragsverhältnisse, sondern zwei voneinander unabhängige Vertragsverhältnisse zwischen dem Anwendungsstaat und jedem der beiden anderen Vertragsstaaten, Tatbestandsvoraussetzung des Anspruchs beider Staaten ist aber jeweils, daß auch der andere dieser beiden Staaten Vertragspartner ist.

Dieses zweite System kann sicherlich nicht beanspruchen, allein den gesamten Fragenkomplex zu beherrschen. Die Literatur und Rechtsprechung zum diplomatischen Anspruch zeigt, daß die Vertragsstaaten, deren Staatsangehörige durch die Anwendung des Vertrages betroffen werden, ohne Rücksicht auf die Zuordnungskriterien des Anwendungsbereichs immer oder zumindest in der Regel Rechte aus dem Vertrag erwerben. In vielleicht etwas beschränkterem Umfang gilt dies wohl auch für die Anknüpfung an die Verletzung anderer abstrakter Interessen oder Rechte der Staaten als die Staatsangehörigkeit von Personen und Gesellschaften. Das hier untersuchte System kann also das erste System nicht völlig verdrängen, sondern weitgehend nur neben das erste System treten, weitere Rechtszuteilungsgesichtspunkte begründen.

Nicht nur die Staaten, auf welche die vertraglichen Zuordnungskriterien verweisen, erwerben also Rechte aus den Verträgen. Erwerben auf der anderen Seite die Staaten, auf welche die Zuordnungskriterien verweisen, immer Rechte aus den Verträgen? Begrenzt man die aus multilateralen Verträgen fließenden Rechte auf bestimmte Staaten und zieht man für die Abgrenzung dieser Rechte den Vertrag selbst heran, wird man wohl nur darauf abstellen können, welche Staaten ein bestimmter Vertrag begünstigen will, weil Rechte nur

4. Bestimmen die Zuordnungskriterien die Vertragspartner?

insoweit entstehen, als die Rechtsordnung Interessen schützt. Liegt eine solche Begünstigung vor, wird man eine Rechtsentstehung umgekehrt kaum ablehnen können. Die Zuordnungskriterien des Anwendungsbereichs stellen nun zwar in der Regel, aber eben doch nicht immer auf die Begünstigung, sondern auch auf andere Gesichtspunkte ab[311]. Im letzten Fall wird man wohl kaum von einer Rechtsentstehung ausgehen können. Eine solche Begünstigung liegt etwa bei der Rechtshilfe oder bei der Anerkennung von Urteilen der Vertragsstaaten vor. Auf Grund der Zuordnungskriterien des Vertrages erwirbt also der Urteilsstaat ein Recht auf Urteilsvollstreckung, auf Grund der Regeln des diplomatischen Anspruchs auch der Heimatstaat der Parteien. Eine solche Begünstigung dürfte dagegen bei Verträgen fehlen, welche den Anwendungsbereich nach den Anknüpfungspunkten des IPR bestimmen. Ist der Vertrag etwa nur anwendbar, wenn ein Individuum in einem Vertragsstaat seinen gewöhnlichen Aufenthalt oder seinen Wohnsitz hat oder wenn die Rechtsordnung, auf welche der IPR-Vertrag verweist, die Rechtsordnung eines Vertragsstaates ist, wird man wohl kaum davon ausgehen dürfen, daß die Interessen des Aufenthalts-, Wohnsitz- oder Rechtsordnungsstaates durch den Vertrag geschützt werden sollen. Nicht diese Staaten, sondern — auf Grund der Regeln über den diplomatischen Anspruch — nur die Heimatstaaten erwerben aus solchen Verträgen also subjektive Rechte auf der Völkerrechtsebene.

Soweit ein multilateraler Vertrag wie etwa die Europäische Menschenrechtskonvention nicht Rechte aller Vertragsstaaten begründet, erwachsen also aus ihm Ansprüche

1. für den Staat, dessen Individuen und Gesellschaften durch die Vertragsanwendung unmittelbar betroffen werden,
2. für den Staat, dessen sonstigen abstrakten Interessen oder Rechte unmittelbar betroffen werden, und
3. für den Staat, auf den die Zuordnungskriterien des Anwendungsbereichs des Vertrages verweisen, wenn diese Zuordnungskriterien auf Grund des Gesichtspunkts der Begünstigung festgelegt wurden.

Es handelt sich hier nicht um die Zuteilung desselben Anspruchs durch drei verschiedene Zuordnungskriterien, sondern um drei nebeneinander tretende, selbständige Ansprüche. Diese Ansprüche folgen nämlich hinsichtlich ihrer Entstehung und Geltendmachung unterschiedlichen Regeln. Der Anspruch zu 1. untersteht den Regeln des diplomatischen Schutzes. Nach neuerer Auffassung macht hier der Staat nur einen Anspruch des verletzten Individuums in Prozeßstandschaft

---

[311] s. o.

geltend. Insoweit ist erforderlich, daß die Zuordnung zum Protektor von der Verletzung bis zur Geltendmachung besteht. Der Anspruch kann auf der Völkerrechtsebene erst erhoben werden, wenn das Individuum die local remedies erschöpft hat. Die Ansprüche zu 2. und 3. entstehen dagegen in der Person des Staates selbst. Hier kommt es in der Regel nur darauf an, daß die Zuordnung zu einem bestimmten Zeitpunkt bestand. Die Erschöpfung des nationalen Rechtswegs kann nicht vorausgesetzt werden, weil die nationalen Gerichte für einen Völkerrechtsstreit, d. h. für die Entscheidung über ein aus dem Völkerrecht zwischen Völkerrechtssubjekten bestehenden Rechtsstreit nicht zuständig sind[312].

Die Verdreifachung der Ansprüche findet eine gewisse Parallele in der Verdoppelung der Ansprüche in § 823 BGB. Der Verletzung der abstrakten Rechte in § 823 Abs. 1 BGB entspricht die Verletzung abstrakter Rechte oder Interessen in den Ansprüchen zu 1. und 2., der Verletzung der durch ein Schutzgesetz geschützten Interessen in § 823 Abs. 2 BGB die Verletzung der durch die Völkerrechtsverträge geschützten Interessen in dem Anspruch zu 3.

5. Die Anwendungsproblematik im Bereich des Landesrechts

a) *Transformation der Rechtssätze, welche den Anwendungsbereich hinsichtlich der Vertragspartner bestimmen*

Wie gezeigt wurde[313], wird das hier untersuchte Problem nur teilweise von den allgemeinen Prinzipien des Völkerrechts erfaßt, welche die Gegenseitigkeit und den Vertrag zu Gunsten und zu Lasten Dritter regeln. Unser Problem wird also nicht im Rahmen von Normen des allgemeinen Völkerrechts geregelt, die über Art. 25 GG in nationales Recht transformiert werden. Andererseits kann man nur unter einem bestimmten Gesichtspunkt davon sprechen, daß die Zuordnungskriterien die völkerrechtlichen Rechtsverhältnisse aus dem Vertrag regeln[314], die als solche weder über Art. 25 GG noch durch das Zustimmungsgesetz transformiert werden. Unser Problem betrifft vielmehr einen Ausschnitt aus der Gesamtproblematik des Anwendungsbereichs[315], bezieht sich also auf den Inhalt der Verträge. Dieser Vertragsinhalt aber wird als solcher ins innerstaatliche Recht transformiert; er wirkt dort mit diesem Inhalt erga omnes, d. h. auch etwa gegenüber

---

[312] Vgl. *Bleckmann*, Begriff und Kriterien der unmittelbaren Anwendbarkeit, 1970, S. 279 ff.
[313] s. o. III 1 und 2.
[314] s. o. III 4.
[315] s. o. III 3.

Staatsangehörigen von Nichtvertragsstaaten, wenn der Anwendungsbereich nicht durch den Vertrag selbst auf Angehörige von Vertragsstaaten beschränkt wird[316]. Soweit die Prinzipien der Gegenseitigkeit und des Vertrages zu Gunsten und zu Lasten Dritter auf diese Problematik einwirken, dienen sie zur Festlegung des Inhalts des Vertrages; nur ihre Wirkung auf den Vertrag wird also über den Vertragsinhalt durch das Zustimmungsgesetz transformiert[317].

b) Gegenseitigkeitsproblematik und Vorschaltlösung bei den Rechtsvereinheitlichungsverträgen

Bei Rechtsvereinheitlichungsverträgen stellt sich neben der Gegenseitigkeitsproblematik die Frage nach der sogenannten Vorschaltlösung. Bei dieser Vorschaltlösung werden der Vertragsanwendung die Regeln des IPR vorgeschaltet. Das Vertragsrecht kommt deshalb immer als Recht des Staates zur Anwendung, auf den die Regeln des IPR des Anwendungsstaates verweisen. Ist die Vorschaltlösung durch den Vertrag ausgeschlossen, wird das Abkommen dagegen stets als nationales Recht des Anwendungsstaates angewendet. Auf der anderen Seite können die Anknüpfungspunkte des IPR als Zuordnungskriterien der Gegenseitigkeitsproblematik herangezogen werden. Beide Funktionen des IPR hinsichtlich des Vertragsrechts werden von der Literatur[318]

---

[316] So BVerwGE 35, 265 ff.

[317] Zu all diesen Fragen vgl. *Bleckmann*, ZaöRV 32, 1972, 80 ff.

[318] Vgl. zum folgenden insbesondere H. *Bauer*, Les traités et les règles de droit international privé, Rev.crit.dr.int.pr. 55, 1966, 537 ff.; A. *Malintoppi*, Diritto uniforme e diritto internazionale privato, Riv.dir.int. 38, 1955, 229 ff., 514 ff., sowie: Droit uniforme et droit international privé, RdC 116, 1965 III, 1. ff., E. *Bartin*, Le droit conventionnel envisagé comme source de droit international privé en France, Clunet 65, 1927, 1 ff.; P. *Chauveau*, Des conventions portant loi uniforme, Clunet 83, 1956, 570 ff., 573 ff.; G. A. L. *Droz*, Les réserves et les facultés dans les Conventions de la Haye de droit international privé, Rev.crit.dr.int.pr. 58, 1969, 381 ff., 389; H. *Gutteridge*, The technique of the Unification, BYIL 39, 37; F. *Mann*, Law Quarterly Revue 62, 1946, 278; K. H. *Nadelmann*, Méthodes d'unification en droit international privé, Rev.crit.dr.int.pr. 47, 1958, 37 ff., 46 ff.; B. *Nolde*, La codification du droit international privé, 55, 19 RdC 55, 1936 I, 301 ff.; A. *Philip*, The Scandinavian Conventions on Private International Law, RdC 96, 1959 I, 245 ff.; J. *Van Ryn*, La Convention de Bruxelles du 25 août 1924 pour l'unification de certaines règles en matière de connaissement, Clunet 91, 1965, 4 ff., 9 ff.; H. *Valladao*, Clunet 59, 1932, 877 ff.; H. W. *Briggs*, Codification Treaties and Privisions on Reciprocity, non-discrimination or retaliation, AJIL 59, 1962, 475; G. *Beitzke*, Die 11. Haager Konferenz und das Kollisionsrecht der Straßenverkehrsunfälle, RabelsZ 33, 1969, 204 ff., 211.

Zum internationalen Kaufrecht vgl. E. *von Caemmerer*, Haager Konferenz über die internationale Vereinheitlichung des Kaufrechts vom 3.-25.4.1964, RabelsZ 29, 1965, 101 ff., 108, sowie: Internationales Kaufrecht, Festschr. H. C. Nipperdey, 1964, 211 ff., 222; G. A. L. *Droz*, Entrée en vigueur de la Convention sur la loi applicable aux ventes à caractère international d'objets

nicht immer klar getrennt[319]. Im folgenden sollen die Regeln der Vorschaltlösung und der Gegenseitigkeit zunächst getrennt dargestellt werden. Anschließend untersuchen wir, inwiefern die vertragliche Regelung der Vorschaltlösung die Gegenseitigkeitsproblematik die Vorschaltlösung beeinflussen kannn.

(1) Die Regeln des nationalen oder eines vertraglichen IPR bestimmen das Recht, welches auf den zu entscheidenden Fall anzuwenden ist. Verweist nun etwa das deutsche IPR auf französisches Recht, ist nach der Vorschaltlösung ein zwei- oder mehrseitiger Vertrag immer dann anzuwenden[320], wenn er nach den Regeln des französischen Rechts[321] in die französische Rechtsordnung eingeführt und dort unmittelbar anwendbar ist[322]. Nur soweit es sich um die unmittelbare

---

mobiliers corporels, Rev.crit.dr.int.pr. 53, 1964, 663 ff., 668; H. *Dölle*, Einheitliches Kaufrecht und internationales Privatrecht, RabelsZ 32, 1968, 438 ff., 442; *Nadelmann*, The Uniform Law on the International Sale of Goods: a Conflict of Law Imbroglio, The Yale Law Journal 74, 1965, 454; O. *Riese*, Der Entwurf einer Internationalen Vereinheitlichung des Kaufrechts, RabelsZ 22, 1957, 16 ff., 23 f., 27 f., sowie: Die Haager Konferenz über die internationale Vereinheitlichung des Kaufrechts vom 2. bis 25. 4. 1964, RabelsZ 29, 1965, 1 ff., 9 ff.; F. *Vischer*, Das Haager Abkommen betreffend das auf den internationalen Warenkauf anwendbare Recht und die Praxis des Schweizerischen Bundesgerichts, SchwJIR XXI 1964, 46 ff.; A. *Piot*, L'unification du droit de la vente internationale, Clunet 84, 1957, 948 ff., 960; *de Winter*, Loi uniforme sur la vente internationale des objets mobiliers corporels et le droit international privé, Nederlands Tijdschrift voor Internationaal Recht 1964, 276; *Zweigert-Drobnig*, Die Haager Konferenz über die internationale Vereinheitlichung des Kaufrechts vom 2. bis 25. April 1964 — Einheitliches Kaufgesetz und internationales Privatrecht, RabelsZ 29, 1965, 146 ff.

[319] Sehr klar haben dagegen *Bauer* aaO., S. 556 ff. und *Malintoppi*, RdC aaO., S. 27 ff. diese beiden Funktionen unterschieden.

[320] Diese Meinung ist nicht ganz unbestritten. *Riese* (RabelsZ 29, 1965, 11) berichtet, in der Diskussion über den Vertrag über das internationale Kaufrecht von 1964 sei die Meinung vertreten worden, ein Vertrag, der auf die Gegenseitigkeit nicht verzichtet, enthalte nur zwischen den betreffenden Staaten anwendbares Recht, so daß er nicht zur Anwendung gelange, wenn das IPR der lex fori auf das Recht eines Vertragsstaates verweise, der Anwendungsstaat aber nicht Vertragspartner sei. M. E. ist diese Lösung falsch, da die Frage der Gegenseitigkeit von dem Recht des Staates her zu beurteilen ist, auf den das IPR verweist. Es kommt also darauf an, daß dieser Staat Vertragspartner ist und den Vertrag in seine Rechtsordnung eingeführt hat, und daß auf der anderen Seite die Staaten Vertragspartner sind, auf welche die Zuordnungskriterien des betreffenden Vertrages verweisen: das aber ist nicht notwendig der Anwendungsstaat. Wie hier *Bartin* aaO., S. 1 ff.

[321] Vgl. *Bleckmann*, oben Anm. 312, S. 129 ff.

[322] Vgl. *Bleckmann*, oben Anm. 312, S. 129 ff. *Riese* (RabelsZ 22, 1957, 23 ff.) führt aus: „Wenn Deutschland das Abkommen ratifiziert, gelten also dessen Bestimmungen für internationale Käufe ... sofern deutsches Recht anwendbar ist ... Ebenso ist das einheitliche Kaufrecht anwendbar, wenn es nach den Grundsätzen des IPR das Recht eines anderen Staates ist." Vgl. ferner die Ausführungen von *Riese* in RabelsZ 29, 1965, 9 ff.: „Nach dieser Vorschalt-

5. Die Anwendungsproblematik im Bereich des Landesrechts

Anwendung des Völkerrechtsvertrages selbst und nicht um ein selbständiges Einführungsgesetz handelt, ist in diesem Fall erforderlich, daß Frankreich Vertragspartner des betreffenden Abkommens ist. Nicht erforderlich ist auf der anderen Seite, daß auch die Bundesrepublik Deutschland Vertragspartner ist, oder gar, daß der Vertrag hier nach deutschem Recht in die innerstaatliche Rechtsordnung eingeführt und unmittelbar anwendbar ist. Dasselbe gilt mutatis mutandis, wennn nach dem deutschen IPR auf den Fall deutsches Recht anzuwenden ist. Dann muß grundsätzlich nur die Bundesrepublik Deutschland Vertragspartner sein, der Vertrag nach den deutschen Regeln nur in die deutsche Rechtsordnung eingeführt und dort unmittelbar anwendbar sein. Auf die Vertragspartnerschaft eines anderen Staates und auf die Einführung in dessen Rechtsordnung kommt es für die Konfliktsproblematik nicht an.

Diese Regeln gelten auch dann, wenn das anzuwendende materielle Recht nicht durch das nationale IPR, sondern durch einen IPR-Vertrag bestimmt wird. Hier ist allerdings zunächst erforderlich, daß der IPR-Vertrag in die Rechtsordnung des Anwendungsstaates eingeführt worden und dort unmittelbar anwendbar ist. Nach einem Sinn und Zweck schließt der IPR-Vertrag für seine eigene Anwendung die Vorschaltlösung stets aus. Es ist also nicht zunächst festzustellen, auf welche Rechtsordnung das nationale IPR verweist, um den IPR-Vertrag selbst dann als eigenes oder fremdes Recht anwenden zu können. Der IPR-Vertrag wird also stets als nationales Recht angewendet.

Etwas komplizierter wird die Rechtslage, wenn das nationale IPR die Weiter- oder Rückverweisung zuläßt und das fremde IPR, auf

---

lösung hätte der Richter also zunächst die kollisionsrechtliche Frage zu lösen, welches materielle Recht auf den zu beurteilenden Kaufvertrag gemäß dem für ihn maßgeblichen IPR Anwendung zu finden habe. Wäre demnach das Recht eines Vertragsstaates anwendbar, hätte der Richter weiter zu prüfen, ob ein internationaler Kauf i. S. des einheitlichen Kaufgesetzes vorliegt. Wäre diese Frage zu bejahen, so wäre alsdann das einheitliche Kaufgesetz in der Form anzuwenden, in der es der betreffende Staat eingeführt hat." Es richtet sich also nach dem Staat, auf den das nationale IPR verweist, in welcher Form das Kaufgesetz Anwendung findet. Da nach Art. III der Convention von 1964 die Gegenseitigkeit im Art. 1 dieses Gesetzes festzulegen ist, richtet sich diese Frage nach dem Recht des Staates, auf den das nationale IPR des Anwendungsstaates verweist. Klar auch F. *Vischer* (aaO., S. 51), für den Fall einer Erklärung nach Art. IV der Convention finde das einheitliche Kaufgesetz nur in den Fällen Anwendung, „in denen die Kollisionsregeln des von ihnen früher ratifizierten IPR-Abkommens auf das Recht eines der Vertragsstaaten des einheitlichen Abkommens verweist. Die Anwendung des nationalen einheitlichen Kaufrechts ist demgemäß davon abhängig, daß das Kaufrecht in dem Lande gilt, dessen Recht nach dem IPR-Abkommen maßgeblich ist". Vgl. auch *Bauer* aaO., S. 552 ff.; v. *Caemmerer*, Festschrift Nipperdey aaO., S. 222; *Scerni*, Il diritto internazionale privato marittimo ed aeronautico, in: Trattato di diritto internazionale diretto da Fedozzi e Romano, 1936, S. 37; *Malintoppi*, RdC aaO., S. 26 ff.; de *Winter* aaO., S. 276.

welches das nationale IPR verweist, eine solche Weiter- oder Rückverweisung enthält. Der materiellrechtliche Vertrag ist dann nur anzuwenden, wenn der Staat, auf dessen Rechtsordnung das IPR des nach dem IPR des Anwendungsstaates an sich zuständigen Staates weiterverweist, Partner des Vertrages ist und diesen nach seinen Regeln in die nationale Rechtsordnung eingeführt hat. Es ist in einem solchen Fall also weder ausreichend noch erforderlich, daß der Anwendungsstaat oder der Staat, auf dessen Rechtsordnung das IPR des Anwendungsstaates zunächst verweist, Vertragspartner ist und den Vertrag in seine nationale Rechtsordnung eingeführt hat[323].

Noch komplizierter wird die Rechtslage, wenn das materielle Vertragsrecht nicht auf Grund des nationalen IPR, sondern auf Grund eines IPR-Vertrages angewendet werden soll. Hier ist zunächst erforderlich, daß der IPR-Vertrag in das nationale Recht des Anwendungsstaates eingeführt worden ist. Die Erstverweisung und die Relevanz eines renvoi bestimmen sich nach dem IPR-Vertrag als Recht des Anwendungsstaates. Die Frage, ob ein renvoi wirklich vorliegt, bestimmt sich dagegen nach dem IPR des Staates, auf den das nationale IPR bzw. ein IPR-Vertrag als Recht des Anwendungsstaates verweist. Diese Frage ist also nur dann nach einem IPR-Vertrag zu beurteilen, wenn dieser fremde Staat Partner des IPR-Vertrages ist und wenn er diesen Vertrag in seine Rechtsordnung eingeführt hat. Ist der Anwendungsstaat nicht Vertragspartner dieses IPR-Vertrages, ist die Erstverweisung und die Relevanz des renvoi nach seinem nationalen IPR, der renvoi selbst nach dem Vertrag zu beurteilen, wenn der betreffende fremde Staat Vertragspartner der Konvention ist und er diesen Vertrag in seine nationale Rechtsordnung eingeführt hat. Sind die beiden Staaten Partner verschiedener IPR-Abkommen, bestimmt sich die Erstverweisung und die Relevanz des renvoi nach dem IPR-Vertrag, dem der Anwendungsstaat beigetreten ist, wenn er diesen in seine Rechtsordnung eingeführt hat, der renvoi selbst nach dem zweiten IPR-Vertrag, dessen Vertragspartner der Staat ist, auf dessen Rechtsordnung der erste IPR-Vertrag verweist, wenn der Staat den zweiten IPR-Vertrag in seine Rechtsordnung eingeführt hat.

(2) Erst wenn auf Grund dieser Regeln feststeht, daß der Vertrag als Recht des Anwendungsstaates oder als Recht eines fremden Staates anzuwenden ist, stellt sich die Frage nach dem Anwendungsbereich. Der Anwendungsbereich hinsichtlich der Vertragspartner gehört zum Inhalt des Vertrages und wird mit diesem transformiert[324]. Die Frage nach dem Anwendungsbereich ist deshalb immer von der Rechts-

---

[323] *Bauer* aaO., S. 554.
[324] s. o. a.

5. Die Anwendungsproblematik im Bereich des Landesrechts

ordnung her zu beantworten, die nach den nationalen oder vertraglichen IPR-Regeln des Anwendungsstaates zur Anwendung gelangt. Diese Lösung wird wichtig, wenn entweder der eine oder der andere der beiden Staaten nicht Partner des betreffenden Vertrages ist oder aber beide Staaten zwar Vertragspartner desselben Abkommens sind, den Anwendungsbereich hinsichtlich der Vertragspartner aber auf Grund der vertraglichen Fakultativklauseln[325] oder infolge eines Vorbehalts[326] unterschiedlich festgelegt haben. Deshalb bestimmt etwa Art. III des Kaufrechtsabkommens von 1964 ausdrücklich, daß die dort gestattete Gegenseitigkeitserklärung in Art. 1 der loi uniforme und damit in das jeweilige nationale Recht aufzunehmen ist.

Der Vertrag bzw. die Vorbehaltserklärungen können als nationales Recht des Anwendungsstaates oder als fremdes Recht verlangen, daß bestimmte andere Staaten Vertragspartner sind. Im obigen Beispiel kann etwa ein nach deutschem IPR als französisches Recht anwendbarer Vertrag verlangen, daß die Bundesrepublik Deutschland oder ein dritter Staat als Heimat- oder Aufenthaltsstaat der Parteien, als Ort der Verpflichtungserklärung usw. Vertragspartner dieses Abkommens ist. Im Gegensatz zur Kollisionsproblematik wird damit in der Regel nicht auch verlangt, daß der Vertrag in der Bundesrepublik Deutschland oder in dem Drittstaat in die innerstaatliche Rechtsordnung eingeführt worden ist. Soweit dies ausnahmsweise doch der Fall sein sollte[327], hat diese strikte Gegenseitigkeit nicht zur Folge, daß der Vertrag nun in der Bundesrepublik als Recht der Bundesrepublik oder des betreffenden Drittstaates anzuwenden wäre. Vielmehr wird vom französischen Recht nur die Anwendung des Vertrages als französisches Recht davon abhängig gemacht, daß der begünstigte Staat auch innerstaatlich Frankreich so behandelt, wie Frankreich nach dem Vertrag den begünstigten Staat behandeln soll. Nur soweit die Zuordnungskriterien der Gegenseitigkeit im konkreten Fall (auch) auf den Anwendungsstaat verweisen, ist schließlich auch hier die Vertragspartnerschaft des Anwendungsstaates erforderlich.

(3) Hat ein Rechtsvereinheitlichungsvertrag die Vorschaltlösung ausgeschlossen, kommt er immer nur als nationales Recht des Anwendungsstaates zur Anwendung. Nur dieser Staat muß also vorbehaltlich

---

[325] s. o. II 1 e.
[326] s. u. IV 1.
[327] Vgl. etwa Art. 2 des Zollabkommens über Behälter vom 18. 5. 1956, BGBl. 1961 II 989. Für Abkommen mit strikter Gegenseitigkeit vgl. ferner das Übereinkommen Nr. 102 über die Mindestnormen der Sozialversicherung (BGBl. 1957 II 1322), Art. I Abs. 4 des Internationalen Übereinkommens zum Schutz von Pflanzenzüchtungen vom 2. 12. 1961 (BGBl. 1968 II 429) und Art. 6 des Übereinkommens und Statuts über die Freiheit des Durchgangsverkehrs vom 20. 4. 1921 (AA Bd. 29, Nr. 372).

der Gegenseitigkeitsproblematik Partner des Abkommens sein und ihn in seine innere Rechtsordnung eingeführt haben. Die Gegenseitigkeitsproblematik bestimmt sich auch hier nach dem Recht des Staates, als dessen Recht der Vertrag angewendet wird. Es kommt also bei der Ausschaltung der Vorschaltlösung nur darauf an, wie der Anwendungsstaat die Gegenseitigkeit festgelegt hat. Setzt die Anwendung des Vertrages die Partnerschaft eines dritten Staates voraus, ist in der Regel nicht erforderlich, daß dieser Staat den Vertrag in seine innere Rechtsordnung eingeführt hat.

(4) Diese abstrakten Regeln werden deutlicher, wenn man auf das Beispiel der Convention portant loi uniforme sur la vente internationale des objets mobiliers corporels von 1964[328] zurückgreift. Art. 2 der Loi uniforme schließt die Anwendung der Regeln des nationalen IPR auf das Gesetz und damit die obige Vorschaltlösung aus[329]. Damit ist die Loi uniforme auf alle dort definierten internationalen Kaufverträge als nationales Recht des Anwendungsstaates anzuwenden[330]. Art. IV der Konvention gestattet aber den Staaten, die Partner eines vorherigen IPR-Abkommens und insbesondere der Kaufrechtkonvention von 1951 sind, die Loi uniforme von 1964 nur dann anzuwenden, wenn die vertraglichen IPR-Regeln zur Anwendung der Loi uniforme von 1964 führen. Damit ist für das vertragliche IPR eine Durchbrechung des Ausschlusses der Vorschaltlösung ermöglicht worden[331]. Da es sich um die Anwendung des vertraglichen IPR als Recht des Anwendungsstaates handelt, muß der Anwendungsstaat und nur dieser Vertragspartner der IPR-Konvention sein und eine Erklärung nach Art. IV der Konvention von 1964 mit innerstaatlicher Wirkung abgegeben haben. Die Loi uniforme von 1964 wäre nach allem in der Bundesrepublik etwa als französisches Recht anzuwenden, wenn die Bundesrepublik Vertragspartner eines IPR-Abkommens über das Kaufrecht wäre, sie eine Erklärung nach Art. IV der Konvention von 1964 abgegeben hätte, das IPR-Abkommen in der Bundesrepublik als deutsches Recht gälte und unmittelbar anwendbar wäre, dieses Abkommen im konkreten Fall auf französisches Recht verwiese und Frankreich Vertragspartner der Convention von 1964 wäre und/oder die Loi uniforme von 1964 in seine Rechtsordnung eingeführt hätte.

---

[328] BGBl. 1973 II 885 = RabelsZ 29, 1965, 166. Zum folgenden vgl. *Zweigert* und *Drobnig* aaO., S. 155 ff.; zu den verschiedenen Alternativen der Erklärungen nach Art. III und IV der Convention *v. Caemmerer*, Festschr. Nipperdey aaO., S. 222 ff.

[329] So klar die oben Anm. 318 zitierte Literatur zum internationalen Kaufrecht.

[330] Vgl. etwa *Bauer* aaO., S. 562.

[331] Vgl. *Bauer* aaO., S. 553; *v. Caemmerer*, Festschr. für Nipperdey aaO., S. 227; *Zweigert* und *Drobnig* aaO., S. 146.

5. Die Anwendungsproblematik im Bereich des Landesrechts

Das einheitliche Kaufgesetz von 1964 ist grundsätzlich ohne Gegenseitigkeitserfordernis auf alle internationalen Kaufverträge anzuwenden. Art. III der Konvention von 1964 gestattet aber den Vertragspartnern, in der Loi uniforme festzulegen, daß dieses Gesetz nur Anwendung findet, wenn die Partner des Kaufvertrages ihre Niederlassung oder ihren gewöhnlichen Aufenthalt in verschiedenen Vertragsstaaten haben. Ist im obigen Beispiel die Loi uniforme als französisches Recht anzuwenden, ist also weder ausreichend noch erforderlich, daß die Bundesrepublik Deutschland eine solche Gegenseitigkeitserklärung abgegeben hat. Erforderlich und ausreichend ist vielmehr, daß Frankreich mit innerstaatlicher Wirkung eine solche Erklärung abgegeben hat. Verweist die französische Erklärung im konkreten Fall auf die Bundesrepublik, auf die Bundesrepublik und einen dritten Staat oder auf zwei Drittstaaten, ist nur erforderlich, daß diese Staaten Vertragspartner der Convention von 1964 sind; ob sie die Loi uniforme von 1964 in ihre Rechtsordnung eingeführt haben, ist irrelevant. Die Loi uniforme wird in jedem Fall als französisches Recht und nicht als Recht der Staaten angewendet, deren Vertragspartnerschaft nach der Erklärung gemäß Art. III der Convention erforderlich ist.

Etwas anders ist die Rechtslage beim internationalen Wechsel- und Scheckrecht[332]. Die Abkommen über das einheitliche Wechselgesetz[333] und das einheitliche Scheckgesetz[334] verlangen, daß die betreffenden Gesetze in die nationale Rechtsordnung einzuführen sind und verzichten damit bewußt auf die Gegenseitigkeit. Die Abkommen über Bestimmungen auf dem Gebiet des internationalen Wechselprivatrechts[335] und des internationalen Scheckprivatrechts[336] verzichten zwar grundsätzlich ebenfalls auf die Gegenseitigkeit, behalten aber den Staaten das Recht vor, den Vertrag nur dann für anwendbar zu erklären, wenn die Verpflichtung auf dem Gebiet eines Vertragspartners eingegangen worden ist oder/und das nach dem Abkommen anzuwendende Recht das Recht eines Vertragspartners des IPR-Abkommens ist[337].

Die IPR-Abkommen verzichten wie dargelegt ihrer Natur nach auf die Vorschaltlösung. Aus der fehlenden Festlegung eines Anwendungsbereichs in den materiellen Abkommen, vor allem aber aus dem Nebeneinander der materiellen und der IPR-Abkommen ergibt sich

---

[332] Vgl. auch *Malintoppi*, RdC aaO., S. 26 f.; *Zweigert* und *Drobnig* aaO., S. 149 Anm. 9; *Bauer* aaO., S. 553 Anm. 2 und die dort zitierte Literatur.
[333] Vom 7. 6. 1930, RGBl. 1933 II 379.
[334] Vom 19. 3. 1931, RGBl. 1933 II 359.
[335] Vom 7. 6. 1930, RGBl. 1933 II 379.
[336] Vom 19. 3. 1931, RGBl. 1933 II 359.
[337] Art. 10 bzw. 9.

dagegen, daß die beiden materiellen Abkommen die Vorschaltlösung voraussetzen. Ist der Anwendungsstaat Partner des IPR-Abkommens und ist dieses Abkommen in seine innere Rechtsordnung eingeführt, würden für die Vorschaltlösung des materiellen Abkommens die Regeln des IPR-Abkommens, sonst die nationalen IPR-Regeln angewendet; grundsätzlich ist nur erforderlich, daß der Anwendungsstaat Vertragspartner des IPR-Abkommens ist. Da das IPR-Abkommen als nationales Recht des Anwendungsstaates angewendet wird, richtet sich die Gegenseitigkeit nach seiner Rechtsordnung. Hat der Anwendungsstaat mit innerstaatlicher Wirkung eine Gegenseitigkeitserklärung nach Art. 10 bzw. 9 der IPR-Abkommen abgegeben, ist erforderlich, daß die durch die betreffenden Zuordnungskriterien im konkreten Fall bezeichneten Staaten Vertragspartner sind; eine Einführung der IPR-Abkommen in das nationale Recht dieser Staaten ist nicht erforderlich, das IPR-Abkommen wird auch dann nur als nationales Recht des Anwendungsstaates angewendet.

Das materielle Scheck- oder Wechselrecht der Verträge kommt als Recht des betreffenden Staates nur zur Anwendung, wenn der Staat, auf dessen Rechtsordnung die nationalen bzw. die vertraglichen IPR-Regeln verweisen, Vertragspartner der materiellen Abkommen ist und/oder wenn er das einheitliche Scheck- bzw. Wechselrecht in seine Rechtsordnung eingeführt hat. Es gelangt nur in der Form zur Anwendung, wie es dieser Staat verabschiedet hat. Ob der Anwendungsstaat Vertragspartner der materiellen Konventionen ist oder ob er das einheitliche materielle Recht in seine Rechtsordnung eingeführt hat, bleibt vom Gesichtspunkt der Vorschaltlösung her irrelevant, spielt aber auch angesichts des Verzichts auf die Gegenseitigkeit in den materiellen Verträgen im Rahmen dieses zweiten Problems keine Rolle.

(5) Bisher wurde das nationale bzw. das vertragliche IPR nur im Rahmen der Vorschaltlösung berücksichtigt. Es fragt sich nunmehr, ob diese IPR-Regeln auch für das Problem der Gegenseitigkeit herangezogen werden können[338]. Eine solche Lösung liegt nahe, weil die Regeln des nationalen oder des internationalen IPR auf die Rechtsordnung von Staaten verweisen, die den betreffenden Sachfragen besonders nahestehen und deshalb auch für die Gegenseitigkeit relevant werden können. Die Anknüpfungskriterien des IPR könnten somit gleichzeitig als Zuordnungskriterien für die Gegenseitigkeit dienen. Diese enge Verwandtschaft hat in der Tat dazu geführt, daß zahlreiche Rechtsvereinheitlichungsverträge die im Durchschnitt der Staaten herrschenden

---

[338] Die Frage, inwieweit der Anwendungsbereich hinsichtlich der Vertragspartner auf die Vorschaltlösung einwirkt und umgekehrt die Vorschaltlösung den Anwendungsbereich beeinflußt, stellt etwa *Malintoppi*, RdC aaO., S. 23 ff.

5. Die Anwendungsproblematik im Bereich des Landesrechts

oder die der modernen Entwicklung am besten entsprechenden Anknüpfungskriterien des IPR — etwa den gewöhnlichen Aufenthalt statt der Staatsangehörigkeit oder des Wohnsitzes — als Zuordnungskriterien in den Anwendungsbereich hinsichtlich der Vertragspartner übernommen haben[339], so erklärt sich ferner auch, daß in der Literatur die Probleme der Vorschaltlösung und der Gegenseitigkeit häufig ohne Übergang oder sogar ohne jede Trennung zusammen behandelt werden. Bei dieser Doppelfunktion der Anknüpfungskriterien sind nun wieder theoretisch mehrere Fälle zu unterscheiden:

(a) Bei der echten Doppelfunktion sind die IPR-Regeln zweimal anzuwenden, einmal auf das Problem der Vorschaltlösung, zum anderen auf das Problem des Anwendungsbereichs. Dabei sind die jedem Problem eigenen, oben dargelegten[340] Regeln gesondert anzuwenden. Das bedeutet, daß für die Vorschaltlösung im Anwendungsstaat zunächst nach dessen nationalem oder vertraglichem IPR geprüft werden muß, welche Rechtsordnung anzuwenden ist. In diesem Rahmen gelangt ein Vertrag grundsätzlich zur Anwendung, wenn dieser fremde Staat Vertragspartner dieses Abkommens ist und ihn in seine Rechtsordnung eingeführt hat. In einem zweiten Schritt wäre dann im Rahmen der Gegenseitigkeit zu untersuchen, ob die Staaten, auf deren Rechtsordnung das betreffende fremde IPR verweist, Partner des betreffenden materiellen Vertrages sind; auf die Einführung in die betreffende Rechtsordnung kommt es im Rahmen der Gegenseitigkeit nicht an.

Eine solche Doppellösung ist natürlich nur unter der Bedingung sinnvoll, daß erstens die Vorschaltlösung und die Gegenseitigkeit durch den Vertrag nicht ausgeschlossen werden, zweitens der Vertrag keine eigenen Gegenseitigkeitskriterien enthält und drittens verschiedene IPR-Regeln zur Anwendung gelangen.

(b) Diese erste Lösung findet sich in der Praxis kaum. Wenn deshalb in der Literatur[341] und insbesondere in der Diskussion um die Kaufrechtsverträge von 1964 häufiger die Auffassung vertreten wurde, die Vorschaltlösung greife immer dann ein ‚wenn sie nicht ausdrücklich ausgeschlossen wird und dabei die Vorschaltlösung mit der Gegenseitigkeitsproblematik verquickt wurde, muß dies eine andere Erklärung haben. Ein zweiter möglicher Grund hierfür wäre, daß man von einer „hinkenden" Doppelfunktion der IPR-Regeln ausgegangen wäre.

Die IPR-Regeln enthalten wie gezeigt Kriterien, die gleichzeitig als Anknüpfungspunkte der Kollisionsregeln und als Zuordnungskriterien

---

[339] s. o. I 7 b.
[340] s. o. (1) und (2).
[341] Vgl. insbesondere *Riese* aaO; *Scerni* aaO.; *de Winter* aaO.; und *Malintoppi*, RdC aaO., S. 39.

der Gegenseitigkeitsproblematik dienen können. Im Rahmen der Vorschaltlösung wird fast immer auch verlangt, daß ein bestimmter Staat, welcher dem Sachverhalt „am nächsten" ist, Vertragspartner eines bestimmten Vertrages ist. Deshalb könnte man die Auffassung vertreten, mit der Vorschaltlösung wäre gleichzeitig auch das Problem der Gegenseitigkeit schon gelöst. Die IPR-Regeln erfüllen also auch hier eine Doppelfunktion, das Doppelproblem wird hier nur allein im Rahmen der Kollisionsfrage gelöst. Deshalb greifen hier nur die Regeln der Vorschaltlösung ein: Der Vertrag kommt als fremdes Recht zur Anwendung, die Gegenseitigkeit bestimmt sich allerdings im Ergebnis nach dem Recht des Anwendungsstaates und nicht des Staates, auf den die IPR-Regeln verweisen. Diese Lösung ist sicherlich nur möglich, wenn der Vertrag die Gegenseitigkeit nicht selber regelt. Die Beurteilung der Gegenseitigkeit nur vom Recht des Anwendungsstaates her ist insbesondere dann unbefriedigend, wenn der betreffende fremde Staat die Gegenseitigkeitsproblematik ausdrücklich geregelt hat.

(c) Möglich ist schließlich, daß der Vertrag immer als nationales Recht anzuwenden ist, das nationale oder vertragliche IPR des Anwendungsstaates nur die Gegenseitigkeit bestimmt[342]. Dann dient das IPR nicht der Verweisung, der Vertrag ist also weiterhin nur als nationales Recht anzuwenden, der betreffende fremde Staat braucht nur Vertragspartner zu sein und den Vertrag nicht in seine nationale Rechtsordnung eingeführt zu haben. Wohl weil der Ausschluß der Vorschaltsösung regelmäßig in der Form des Ausschlusses der Anwendung des IPR formuliert wird, kommt auch diese Lösung in der Praxis kaum vor. Nahe heran kommen aber die Lösungen der Gegenseitigkeitsproblematik, die wie bei den Rechtsvereinheitlichungsverträgen üblich, Anknüpfungskriterien des Kollisionsrechts als Zuordnungskriterien verwendet[343] oder aber verlangen, daß die Staaten, auf welche die Regeln des IPR-Vertrages verweisen, Vertragspartner dieses Abkommens sind[344].

(d) Die mehrfach aufgezeigte enge Verbindung zwischen der Kollisions- und der Gegenseitigkeitsproblematik wirft ferner die Frage auf, inwieweit die vertragliche Regelung der Vorschaltlösung die Gegenseitigkeitsproblematik und vor allem die vertragliche Regelung der Gegenseitigkeitsproblematik die Vorschaltfrage bestimmt.

Was zunächst die Ausschlußklauseln betrifft, beziehen sich diese nach ihrem Wortlaut stets entweder auf die Vorschaltlösung oder auf die

---

[342] Wir haben gezeigt (oben Anm. 216), daß zahlreiche deutsche Gerichtsentscheidungen so das nationale IPR heranziehen.
[343] s. o. I 7 b.
[344] s. o. I 7 a.

5. Die Anwendungsproblematik im Bereich des Landesrechts

Gegenseitigkeitsproblematik[345]. Zumindest in einigen Fällen dieser Art ist der Wille der Vertragspartner aber deutlich darauf gerichtet, beide Probleme auszuschließen[346]. Eine echte Rückwirkung der einen auf die andere Problematik liegt dann nicht vor.

Bis auf die Kaufrechtsverträge von 1964 nehmen die Rechtsvereinheitlichungsverträge aber zur Vorschaltproblematik keine Stellung. Sie enthalten dagegen durchwegs ausdrücklich Klauseln zur Gegenseitigkeit. Es fragt sich, ob diese Klauseln die IPR-Regeln für die Vorschaltlösung ausschließen.

Diese Frage ist natürlich nur sinnvoll, wenn die Vorschaltlösung bei Rechtsvereinheitlichungsverträgen eingreift, soweit der Vertrag nicht etwas anderes bestimmt. Die Literatur zu dieser Frage ist höchst kontrovers[347]. Wohl der größere Teil der Lehre ist der Auffassung, daß entweder der Sinn und Zweck dieser Abkommen die Vorschaltlösung stets ausschließt[348] oder aber die Kollisionsfrage sich überhaupt nicht stellen kann, weil der Vertrag als supranationales oder als Völkerrecht zur Anwendung gelangt[349] oder schließlich die einheitliche Regelung in allen Staaten das praktische Interesse an einer solchen Fragestellung aufhebt[350].

Zumindest die beiden letzten Gründe können nicht akzeptiert werden. Schon das Reichsgericht hat mehrfach festgestellt, daß die auf der Völkerrechtsebene formell und inhaltlich einheitlichen Rechtsvereinheitlichungsverträge auf der Landesrechtsebene formell in verschiedene Rechtsordnungen eingeführt werden und damit entweder als nationales oder als fremdes Recht zur Anwendung gelangen[351]. Diese

---

[345] Die Klausel „Das IPR findet auf dieses Gesetz keine Anwendung" betrifft so wohl eher die Vorschaltlösung, die Klausel „Dieser Vertrag ist ohne Rücksicht auf die Gegenseitigkeit anzuwenden", allein den Anwendungsbereich.

[346] Die Klausel „Der Vertrag ist in die nationale Rechtsordnung einzuführen" wird so häufig in diesem doppelten Sinne verwendet. Sie stellt einmal klar, daß der Vertrag stets als nationales Gesetz anzuwenden ist und schließt damit die Vorschaltlösung aus. Nationale Gesetze sind ferner, sowie sie nicht ausdrücklich etwas anderes bestimmen, ohne Rücksicht auf die Gegenseitigkeit anzuwenden.

[347] s. o. Anm. 318.

[348] So *Zweigert* und *Drobnig* aaO.

[349] So vertreten etwa *Bartin* aaO., *Chauveau* aaO., S. 574 und *Valladao* aaO., S. 895 die Auffassung, es handle sich um eine „législation internationale".

[350] Vgl. etwa *Valladao*, aaO., S. 891: „suppression des conflits de lois, par l'établissement d'un régime unique, uniformément applicable dans tous les Etats contractants"; *Van Ryn* aaO., S. 10. Die Formel von der „suppression du conflit de lois" ist sehr alt, vgl. etwa die Zitate bei *Bartin* aaO, S. 1 ff. und bei *Valladao* aaO.

[351] RGZ 75, 142 ff.; 21. 1. 1926, JW 1926, 1337; RGZ 159, 33; ferner die Literatur und Rspr. bei *Bleckmann*, oben Anm. 312, S. 131 Anm. 39.

Unterscheidung hat aber auch eine eminent praktische Bedeutung. Nur hingewiesen sei zunächst auf die Tatsache, daß die Anwendung als fremdes Recht gewisse prozessuale Folgen (Beweisregeln, Ausschluß der Revisibilität) nach sich zieht. Diese Gründe werden für die hier zu beantwortende Frage in der Literatur[352] wohl deshalb etwas vernachlässigt, weil es rechtspolitisch fraglich erscheint, diese Regeln auf einen Vertrag zumindest dann anzuwenden, wenn auch der eigene Staat Vertragspartner ist und dieses Abkommen somit auch als nationales Recht zur Anwendung kommen kann. Dasselbe gilt für die Tatsache, daß der ordre public-Vorbehalt nur bei der Anwendung fremden Rechts eingreift: Ist auch der eigene Staat Vertragspartner, dann ist der Vertrag regelmäßig auch in die eigene Rechtsordnung eingeführt, steht also die eigene Rechtsordnung der Anwendung des Vertrages als fremdes Recht nicht entgegen[353]. Immerhin bleiben die bisher aufgeworfenen Fragen dann relevant, wenn der Vertrag als fremdes Recht anzuwenden, der eigene Staat aber nicht Vertragspartner ist. Diese Problematik wird allerdings von der hier untersuchten Lehre dadurch umgangen, daß der Vertrag stets als eigenes Recht angewendet werden soll; das heißt aber, daß Rechtsvereinheitlichungsverträge immer nur dann anzuwenden wären, wenn der eigene Staat Vertragspartner ist. Soll es ausreichen, daß nur der fremde Staat Vertragspartner ist, auf den das nationale IPR verweist, kann auf die Vorschaltlösung bei Rechtsvereinheitlichungsverträgen generell nicht verzichtet werden. Schließlich haben eine Reihe von Rechtsvereinheitlichungsverträgen nur einen sehr beschränkten Kreis von Vertragspartnern und haben diese Vertragspartner überdies die Abkommen häufig mit verschiedenem Inhalt in ihre Rechtsverordnung eingeführt. Es ist deshalb nicht richtig, daß Rechtsvereinheitlichungsverträge immer zu völliger materieller Einheit führen. Angesichts all dieser Umstände erscheint es kaum sicher, daß die Staaten die Rechtsvereinheitlichungsverträge immer oder auch nur in der Regel als nationales Recht anwenden wollen und deshalb die Vorschaltlösung ausgeschaltet haben.

Der Umfang, in welchem die Rechtsvereinheitlichungsverträge als nationales Recht anzuwenden sind, wird aber umgekehrt sicher nicht immer allein vom nationalen oder von einem vertraglichen IPR bestimmt. Wenn die Staaten die Anwendung der Rechtsvereinheitlichungsverträge auf internationale Sachverhalte beschränkt und darüber hinaus für die Gegenseitigkeit bestimmte Zuordnungskriterien festgelegt haben, wird man vielmehr davon ausgehen müssen, daß diese Anwendungs-

---

[352] Das Problem wird etwa gesehen von *Bauer* aaO., S. 552; *Zweigert* und *Drobnig* aaO., S. 147.

[353] *Bleckmann* ZaöRV 32, 1972, 89 f. und: aaO. oben Anm. 312, S. 132 Anm. 40; *Chauveau* aaO., S. 586.

5. Die Anwendungsproblematik im Bereich des Landesrechts

regeln das nationale IPR verdrängen und daß der Vertrag im Rahmen dieses Anwendungsbereichs als nationales Recht anzuwenden ist[354].

(e) Nur hingewiesen werden kann hier auf ein weiteres Problem. Eine Anzahl nationaler Gesetze machen ihre Anwendung davon abhängig, daß bestimmte Staaten dem Anwendungsstaat dieselben Begünstigungen zukommen lassen. In der Regel werden diese Gesetze nun von den Verträgen verdrängt, so daß der Fall, daß die Rechtsgewährung nur des fremden Staates im Abkommen geregelt ist, äußerst selten sein dürfte[355]. Eine interessante Ausnahme findet sich in dem vom

---

[354] Die vorgeschlagenen Lösungen sind zwar nicht ganz einheitlich, nähern sich aber doch sehr weitgehend. Nach *Malintoppi* greift die Vorschaltlösung immer ein, wenn der Vereinheitlichungsvertrag seinen Anwendungsbereich nicht ausdrücklich festlegt (RdC aaO., S. 25). Wenn der Vertrag dagegen seinen Anwendungsbereich bestimmt, sei die Vorschaltlösung ausgeschlossen (aaO., S. 30 ff., 42 f.). Aus seinen Beispielen ergibt sich, daß er mit dem Anwendungsbereich die Gegenseitigkeitsproblematik meint. Die Regeln des Rechtsvereinheitlichungsvertrages enthielten dann als Kompromiß zwischen den verschiedenen Rechtsordnungen nach Ansicht der Parteien im Rahmen ihres Anwendungsbereichs die hierfür beste Lösung. Sie enthielten deshalb droit spécial, welches die Regeln des nationalen Rechts einschließlich des IPR verdrängten. Die Beispiele auf S. 44 ff zeigen, daß *Malintoppi* vor allem Fälle im Auge hat, in denen der Vertrag ausdrücklich nur auf internationale Sachverhalte Anwendung findet und im Rahmen der Internationalität gleichzeitig die Gegenseitigkeit geklärt wird. *Malintoppi* meint also wohl nicht Verträge, die auch auf nationale Sachverhalte anwendbar sind. Nach *Bauer* (aaO., S. 556) betreffen die Regeln über die Gegenseitigkeit zwar etwas anderes als die Frage nach dem droit international privé, d. h. die Frage nach dem Ausschluß der Vorschaltlösung. Nach ihm kann aber die Vorschaltlösung entweder ausdrücklich oder stillschweigend ausgeschlossen sein (S. 559 ff., 568 ff.). Stillschweigend ausgeschlossen ist die Vorschaltlösung, wenn einerseits der Vertrag neben materiellen Regeln auch IPR-Regeln enthält (S. 559) oder wenn andererseits der Sinn und Zweck des Vertrages den Ausschluß verlangt. Das letztere sei der Fall, „lorsque les rapports ont un caractère international et sont localisés dans un ou plusieurs d'entre eux ... Puisque la localisation est effectuée au moyen des éléments de rattachement qui sont susceptibles d'être pris en considération également pour l'établissement des règles de conflits ..., l'adoption des règles de droit international limités aux rapport internationaux localisés dans les Etats contractants n'est qu'un procédé technique qui concilie les exigences de la méthode conflictuelle avec les avantages de la méthode matérielle" (S. 560). *Bauer* scheint also die Vorschaltlösung dann ausschließen zu wollen, wenn der Vertrag zwar auch auf nationale Sachverhalte anzuwenden ist, aber Gegenseitigkeitskriterien enthält. Am weitesten scheint die Formulierung von *Zweigert* und *Drobnig* (aaO., S. 148) zu gehen, wonach ein „Grundsatz der Rechtsvereinheitlichung" wegen der sachlichen Überlegenheit der Sachnormen vor den Kollisionsnormen verlangt, daß vereinheitlichte Sachnormen im Prinzip immer Kollisionsnormen verdrängen, ob diese vereinheitlicht sind oder nicht. Konkret sind diese Autoren aber auf S. 149 der Auffassung, daß diese Verdrängung nur eintritt, wenn und soweit die einheitliche Sachnorm selbst einen internationalen Anwendungsbereich in Anspruch nimmt. *Zweigert* und *Drobnig* stellen also stärker auf den internationalen Sachbereich als auf die Aufstellung von Gegenseitigkeitskriterien ab.

[355] Falsch wohl LG Stuttgart 23. 3. 1964 (IPR-Rspr. 1964/5, Nr. 251, S. 176) und AG Tübingen 3. 12. 1965 (IPR-Rspr. 1964/5, Nr. 256, S. 721), welche die

OLG Frankfurt am 27. März 1950 entschiedenen Fall[356]. Fraglich war, ob Art. 17 des Haager Zivilprozeßabkommens vom 17. Juli 1905[357] über die Befreiung vom Prozeßkostenvorschuß infolge der alliierten Gesetze über die deutschen Vorkriegsverträge (Abschn. III Ziff. 6 der Proklamation Nr. 2 vom 20. 9. 1945, AHK-ABl. 1945, 27; Direktive Nr. 6, AHK-ABl. 1951, 846) in der Bundesrepublik Deutschland noch anwendbar war. Das OLG ließ diese Frage dahingestellt und wendete Art. 110 Abs. 2 ZPO an. Diese Bestimmung verlangt für die Sicherheitsbefreiung aber die Gegenseitigkeit, und diese Gegenseitigkeit schloß das Gericht aus der Tatsache, daß die Schweiz Vertragspartner des Haager Zivilprozeßabkommens und dieses Abkommen in der Schweiz noch anzuwenden ist. Allerdings prüfte das Gericht nicht, ob die Schweiz den Vertrag wegen der Gegenseitigkeit im Art. 17 auch auf deutsche Staatsangehörige noch anwenden würde. Hierfür reichte es aber nach den obigen Ausführungen[358] aus, daß die Bundesrepublik Vertragspartner des Abkommens ist; auf die Geltung des Vertrages in der Bundesrepublik kommt es nicht an. Hat der Krieg die Anwendung dieses Vertrages auf der Völkerrechtsebene zwischen Kriegsführenden und Neutralen nicht suspendiert, besteht der Hinderungsgrund vielmehr nur auf der Ebene des deutschen Landesrechts, müßte die Schweiz das Abkommen also auch auf deutsche Staatsangehörige noch anwenden.

Vollstreckung eines fremden Urteils nach deutschem Recht davon abhängig machen, daß der betreffende fremde Staat Partner eines bestimmten Vollstreckungsabkommens ist. Diese Frage ist nämlich nicht nach deutschem Recht, sondern nach dem Recht des betreffenden Vertrages zu entscheiden.

[356] NJW 1951, 38.
[357] RGBl. 1909, 409.
[358] s. o.

IV. Abweichung der Zuordnungskriterien in verschiedenen Rechtsakten über dieselbe Materie

Auch multilaterale Verträge sind nur im Verhältnis der Vertragsparteien zueinander anwendbar, soweit sich aus dem Vertrag, der Entstehungsgeschichte oder der Natur der Sache nicht etwas anderes ergibt[359]. Mit welchen Staaten im konkreten Fall ein solches Rechtsverhältnis bestehen muß, bestimmen die im Vertrag selbst festgelegten oder aus der Natur der Sache gewonnenen Zuordnungskriterien. Ist der Vertrag im Verhältnis zu diesen Vertragspartnern nicht anwendbar, weil dieser dem Vertrag nicht beigetreten ist, ihn später gekündigt hat oder weil der Vertrag etwa infolge eines Krieges suspendiert ist, entstehen keine theoretischen oder praktischen Schwierigkeiten. Solche Probleme treten aber immer dann auf, wenn der Vertrag nicht fortgefallen, sondern geändert worden ist oder wenn in zwei Akten (Verträge, Vorbehalte, Verfassung, Gesetz) unterschiedliche Zuordnungskriterien verwendet werden:

1. Abweichung der Zuordnungskriterien in den Verträgen und in den hierauf bezogenen Vorbehalten

Vorbehalte zu multilateralen Verträgen führen zu einer materiellen Bilateralisierung des Vertragsrechts; der Vertrag und der Vorbehalt sind dann nur im Verhältnis zwischen bestimmten Vertragspartnern anzuwenden[360].

Ein einheitliches System des Vorbehaltsrechts hat sich noch nicht herausgebildet[361]. So soll hier kurz auf die Bilateralisierung nach den bisher bekannten Systemen eingegangen werden:

Im *klassischen System*[362] wird ein Staat, der einen Vorbehalt abgegeben hat, nur Vertragspartner, wenn alle anderen Vertragsstaaten[363]

---

[359] s. o.

[360] Vgl. zum folgenden insbesondere D. *Kappeler*, Les réserves dans les traités internationaux, 1958, S. 30 ff., 45 ff., 49 ff.; Kaye *Holoway*, Les réserves dans les traités internationaux, 1958, 106 ff.; M. *Khadjenouri*, Réserves dans les traités internationaux, 1953, S. 75 ff.

[361] Vgl. aber jetzt Art. 19 ff. der Law of Treaties Convention.

[362] *Kappeler* aaO., S. 30 ff.

[363] Welche Staaten in den verschiedenen Stadien des Vertragsschlusses zustimmen müssen, ist äußerst umstritten.

dem Vorbehalt stillschweigend zugestimmt, zumindest aber keine Einwände erhoben haben[364]. Wird der Vorbehalt von allen Vertragsstaaten angenommen, gilt zwischen den Staaten, die keinen Vorbehalt gemacht haben, der Vertrag in der ursprünglichen Form. Im Verhältnis zwischen dem Staat, der den Vorbehalt abgegeben hat, und allen anderen Vertragsstaaten gilt der Vertrag in der Form des Vorbehalts, und zwar hinsichtlich der Pflichten des Vorbehaltsstaates auf Grund des Vorbehalts selbst[365], hinsichtlich der identischen Pflichten der anderen Staaten gegenüber dem Vorbehaltsstaat auf Grund des Prinzips der réciprocité des effets[366]. Anders ausgedrückt, ist eine bestimmte Vertragsklausel, in bezug auf welche ein Vorbehalt abgegeben wurde, durch die Organe des Vorbehaltsstaats auf Grund des Vorbehalts, von den Organen der anderen Staaten auf Grund des Gegenseitigkeitsprinzips (Vorbehaltsrückwirkung) in der Form des Vorbehalts anzuwenden. Haben zwei Vertragsstaaten zu derselben Vertragsbestimmung unterschiedliche Vorbehalte abgegeben, gilt zwischen den Vertragsstaaten, die keinen Vorbehalt abgegeben haben, der Vertrag in seiner ursprünglichen Form, zwischen den Vertragsstaaten, die einen Vorbehalt abgegeben haben, und den Vertragsstaaten, die keinen Vorbehalt abgegeben haben, der Vertrag in der Form des ersten bzw. des zweiten Vorbehalts, zwischen den beiden Vertragsstaaten, die den Vorbehalt abgegeben haben, der Vertrag in der Form beider Vorbehalte, soweit diese miteinander vereinbar sind; sonst dürften zwischen diesen Vertragspartnern keine Vertragswirkungen entstehen. Die Problematik läßt sich durch weitere Vorbehalte beliebig komplizieren, die allgemeinen Lösungen greifen aber mutatis mutandis ein[367].

Im *panamerikanischen System*[368] setzt die Vertragspartnerschaft des Vorbehaltsstaates nicht die Zustimmung aller anderen Vertragspartner voraus. Erhebt ein Staat oder erheben mehrere Staaten Widerspruch, tritt vielmehr der Vertrag nur zwischen dem Vorbehaltsstaat und den Widerspruchsstaaten nicht in Kraft. Im Gegensatz zum klassischen System wird der Vorbehaltsstaat aber im Verhältnis zu allen Staaten, die keinen Widerspruch erhoben haben, Vertragspartner. Im übrigen folgen die Lösungen dem klassischen System: Zwischen den Vertragspartnern, die keinen Vorbehalt abgegeben haben, ist der Vertrag in der ursprünglichen Form anzuwenden. Zwischen dem Vorbehaltsstaat und den Staaten, die dem Vorbehalt nicht widersprochen haben, gilt der

---

[364] Ob diese Zustimmung ausdrücklich oder stillschweigend erteilt werden muß, ist äußerst umstritten.
[365] *Kappeler* aaO., S. 45.
[366] *Kappeler* aaO., S. 49 ff.
[367] Zu all diesen Fragen *Kappeler* aaO., S. 46.
[368] *Kappeler* aaO., S. 45.

Vertrag in der Form des Vorbehalts, und zwar für die Organe des Vorbehaltsstaates auf Grund des Vorbehalts[369], für die Organe der anderen Staaten auf Grund des Gegenseitigkeitsprinzips[370].

Nach dem *sowjetischen System* kann jeder Staat den Vertragspartnern einen Vorbehalt aufzwingen[371]. Der Vorbehaltsstaat wirkt also im Verhältnis zu allen anderen Vertragspartnern, zwischen ihm und den anderen Staaten gilt der Vertrag in der Form des Vorbehalts[372] und zwar für die Organe des Vorbehaltsstaates auf Grund des Vorbehalts, für die Organe der anderen Staaten auf Grund des Gegenseitigkeitsprinzips[373].

Im *System der Vereinten Nationen*[374] wird zwischen den Vorbehalten, die den Sinn und Zweck des Vertrages berühren, und den Vorbehalten unterschieden, bei denen dies nicht der Fall ist. Für die erste Vorbehaltsgruppe gilt das klassische, für die zweite Gruppe das panamerikanische System. Trifft der Vorbehalt den Sinn und Zweck des Vertrages, schließt schon ein Widerspruch die Vertragspartnerschaft des Vorbehaltsstaats aus, sonst tritt der Vertrag im Verhältnis zu den Staaten, die dem Vorbehalt nicht widersprochen haben, in Kraft. Im übrigen gelten auch hier die Lösungen des klassischen Systems: Zwischen den Staaten, die keinen Vorbehalt abgegeben haben, gilt der Vertrag in der ursprünglichen Form. Zwischen dem Vorbehaltsstaat, der einen dem Sinn und Zweck des Vertrages berührenden Vorbehalt abgegeben hat und den anderen Staaten tritt der Vertrag nur in Kraft, wenn kein Staat widerspricht. Er gilt dann in der Form des Vorbehalts. Berührt der Vertragsvorbehalt nicht den Sinn und Zweck des Vertrages, tritt der Vertrag im Verhältnis zu den Staaten, die keinen Vorbehalt abgegeben haben, in der Form des Vorbehalts in Kraft[375].

Die „Bilateralisierung" des multilateralen Vertrages führt also dazu, daß der Vertrag bei Vorbehalten nur im Verhältnis zwischen bestimmten Staaten gelten kann und daß im Verhältnis der verschiedenen Vertragsstaaten zueinander unterschiedliche Fassungen des Vertrages anzuwenden sind. Es ist also äußerst wichtig festzulegen, welchem Rechtsverhältnis zwischen welchen Staaten ein bestimmter Sachverhalt zuzuordnen ist. Diese Aufgaben erfüllen die oben ausgearbeiteten[376] Zuordnungskriterien des Anwendungsbereichs.

---

[369] *Kappeler* aaO., S. 46 f.
[370] *Kappeler* aaO., S. 49 ff.
[371] *Kappeler* aaO., S. 36.
[372] *Kappeler* aaO., S. 47.
[373] *Kappeler* aaO., S. 49 ff.
[374] *Kappeler* aaO., S. 37.
[375] *Kappeler,* aaO., S. 47 f.
[376] s. o. I.

IV. Abweichung der Zuordnungskriterien in verschiedenen Rechtsakten

Eigenartigerweise zeigen die Arbeiten über den Vorbehalt zwar die Bilateralisierung des multilateralen Vertrages auf, gehen sie aber auf die wichtige Frage der Zuordnung des Sachverhalts und die damit verbundene Problematik nicht ein. Soweit ersichtlich berührt nur *Khadjenouri* dieses Problem, aber auch er nur ganz am Rande. Er zeigt nämlich, daß das Prinzip der Gegenseitigkeit der Vorbehaltswirkung in der Rechtsprechung und in Verträgen vereinzelt geregelt ist[377]. So zitiert er einen vom Conseil des prises français entschiedenen Fall[378]: Das deutsche Reich habe die Haager Konvention VI von 1907[379] unter Ausschluß seines Art. 3 angenommen. Der Conseil schloß auch für die französischen Organe im Verhältnis zum Deutschen Reich die Anwendung des Art. 3 aus und bezog sich für die Zuordnung auf die Staatsangehörigkeit:

L'Allemagne n'ayant signé et ratifié la Convention ... qu'en exceptant l'article 3 par une réserve expresse, les ressortissants de l'Empire allemand ne peuvent invoquer le bénéfice de cette disposition.

Diese Zuordnung beruht wohl auf dem falschen Gedanken einer ausschließlichen Anknüpfung an die Staatsangehörigkeit; richtiger wäre es bei dieser Materie wohl gewesen, an die Flagge des Schiffes anzuknüpfen.

Khadjenouri zitiert ferner den Art. 20 der Convention de la Haye concernant certaines questions relatives aux conflits de loi sur la nationalité von 1930, der die Gegenseitigkeit beim Vorbehalt regelt:

En signant ou ratifiant la présente Convention ou en y adhérant, chacune des Hautes Parties Contractantes pourra exclure de son acceptation telle ou telle des dispositions des articles 1 à 17 et 21 au moyen de réserves expresses. Les dispositions exclues ne peuvent être opposées à la Partie Contractante ayant formulé de telles réserves ni invoquées par elle contre une autre Partie Contractante.

Für die nachfolgende Untersuchung braucht die Vorbehaltsproblematik nicht in all ihren Nuancen untersucht zu werden. Soweit ein Staat im Verhältnis zu allen anderen oder zu bestimmten Staaten nicht Vertragspartner wird, entstehen keine Unterschiede zu dem Fall, daß er überhaupt nicht ratifiziert hat. Der Vertrag ist dann also von einem Vertragsstaat nicht anzuwenden, wenn die Zuordnungskriterien des Anwendungsbereichs im konkreten Fall die Vertragspartnerschaft gerade des Vorbehaltsstaates verlangen. Auch wenn der Vertrag nur im

---

[377] aaO., S. 77.
[378] *Fauchille*, Jurisprudence française en matière de prises maritimes, S. 1 ff.
[379] *Descamps* et *Renault*, Recueil des Traités, 1907, 281.

1. Abweichung in Verträgen und Vorbehalten

Verhältnis zwischen dem Vorbehaltsstaat und den Staaten in Kraft tritt, die dem Vorbehalt nicht widersprochen haben, entstehen keine über die bisherige Fragestellung hinausgreifenden Probleme des Anwendungsbereichs. Verweisen die Zuordnungskriterien auf den Vorbehaltsstaat, können nur die Staaten den Vertrag anwenden, die dem Vorbehalt nicht widersprochen haben, weil nur für sie der Vorbehaltsstaat Vertragspartner ist. Verweisen die Zuordnungskriterien im konkreten Fall auf einen Staat, der dem Vorbehalt widersprochen hat, kann der Vorbehaltsstaat den Vertrag nicht anwenden, weil für ihn dieser andere Staat nicht Vertragspartner ist. Schwierigkeiten entstehen hier nur bei einer mehrfachen Zuordnung, und zwar dann, wenn im konkreten Fall auf den Vorbehaltsstaat und den widersprechenden Staat oder auf einen dieser beiden Staaten und einen dritten Staat verwiesen wird. Im ersten dieser Fälle kann weder der Vorbehaltsstaat noch der Drittstaat den Vertrag anwenden. Etwas anderes gilt für die anderen Vertragspartner, weil für sie beide Staaten Vertragsstaaten sind. Daß im Verhältnis zwischen dem Vorbehaltsstaat und dem Widerspruchsstaat kein Vertragsverhältnis entstanden ist, dürfte für sie gleichgültig sein, weil es einerseits um den Anwendungsbereich und nicht um völkerrechtliche Rechtsverhältnisse geht, es sich andererseits nicht um ein mehrseitiges Rechtsverhältnis oder um das bilaterale Rechtsverhältnis zwischen dem Vorbehaltsstaat und dem Widerspruchsstaat, sondern um das Rechtsverhältnis zwischen dem Anwendungsstaat und dem Vorbehaltsstaat einerseits, dem Widerspruchsstaat andererseits handelt.

Probleme treten vor allem auf, wenn es um die Frage geht, ob auf einen konkreten Sachverhalt der Vertrag in seiner ursprünglichen oder in der Fassung des Vorbehalts anzuwenden ist. Diese Problematik stellt sich nur, wenn der Vorbehalt zulässig und soweit der Vorbehaltsstaat Vertragspartner geworden ist. Insofern sind aber die Lösungen der obigen vier Vorbehaltssysteme gleich, so daß im folgenden auf die Unterschiede zwischen diesen Systemen nicht eingegangen zu werden braucht.

Nehmen wir zunächst an, der Anwendungsstaat A habe einen Vorbehalt zu einem Vertrag gemacht. Seine Organe haben diesen Vorbehalt im Verhältnis zu allen anderen Vertragsstaaten zu berücksichtigen. Das gilt auch dann, wenn der Vorbehalt sich auf den Anwendungsbereich hinsichtlich der Vertragspartner bezieht[381], wenn der Staat etwa bei einem die Gegenseitigkeit ausschließenden Vertrag die Zuordnungskriterien y und/oder z oder bei einem Vertrag mit den Zuordnungskriterien x und/oder y im Vorbehalt entweder nur x oder y oder gar z

---

[381] Solche Vorbehalte hält etwa J. *Dehaussy*, Clunet 87, 1960, 702 ff., 714 f. für möglich.

IV. Abweichung der Zuordnungskriterien in verschiedenen Rechtsakten

für relevant erklärt. Für den Anwendungsstaat A ist, wenn ein solcher Vorbehalt gestattet ist, die Lage ähnlich wie bei der im Vertrag selbst vorbehaltenen „faculté" der Änderung der Zuordnungskriterien[382]: seine Organe wenden den Vertrag in der Form des Vorbehalts an. Daß der Vertrag und der Vorbehalt andere Zuordnungskriterien enthalten, für den Anwendungsstaat und für die anderen Staaten also Rechtsverhältnisse mit jeweils anderen Staaten entstehen, ist für die Anwendung im Staate A ohne belang. Auch daß der Staat A den Vertrag auf Fälle anwendet, die nach dem Vertrag Beziehungen zu Nichtvertragsstaaten haben, daß die anderen Staaten den Vertrag auf Fälle anwenden, die nach dem Vorbehalt nur Anknüpfungen zu Nichtvertragsstaaten besitzen, daß der Staat A den Vertrag auf Fälle nicht anwendet, die nach dem Vertrag Beziehungen zu Vertragsstaaten haben, daß die anderen Staaten den Vertrag auf Fälle nicht anwenden, die nach dem Vorbehalt Anknüpfungen zu Vertragsstaaten besitzen, ist irrelevant.

Der Vorbehalt hat aber nicht nur die Wirkung, daß im Vorbehaltsstaat der Vertrag gegenüber allen Vertragspartnern in der Form des Vorbehalts angewendet wird. Infolge des Gegenseitigkeitsprinzips wenden auch die anderen Vertragspartner dem Vorbehaltsstaat gegenüber den Vertrag in der Form des Vorbehalts an. Welchem Vertragspartner gegenüber das Rechtsverhältnis besteht, richtet sich nach den Zuordnungskriterien des Vertrages. Verweist der Vertrag auf den Vorbehaltsstaat, wendet auch der Anwendungsstaat den Vertrag in der Form des Vorbehalts an[383]. Insoweit entstehen nun theoretisch kaum noch lösbare Schwierigkeiten:

Nehmen wir an, ein Vertrag enthalte zwei oder mehr Zuordnungskriterien. Im konkreten Fall können dann Rechtsverhältnisse mit zwei oder mehr Staaten gleichzeitig entstehen. Verweist der Vertrag im konkreten Fall etwa auf die Staaten B, C und D und haben diese drei Staaten unterschiedliche Vorbehaltserklärungen abgegeben, wäre der Vertrag auf einen einzigen konkreten Sachverhalt gegenüber B, C und D mit ganz verschiedenem Inhalt anzuwenden. Dasselbe gilt, wenn nur B, C oder D einen Vorbehalt abgegeben haben. Lösbar ist dieses Problem anscheinend nur, wenn man bei mehrfachen Zuordnungen entweder jeden Vorbehalt ausschließt, dem Vorbehalt keine Gegenseitigkeitswirkung verleiht[384] oder schließlich theoretisch das für die

---

[382] s. o.

[383] Vgl. etwa G. A. L. *Droz*, Les réserves et les facultés dans les Conventions de la Haye de droit international privé, Rev.crit.dr.int.pr. 58, 1969, 381; BG 7. 11. 1946 Matt gegen Dapeo AG, BGE 72 I 267.

[384] Die Genfer Abkommen über die Schiedsklauseln und die Vollstreckung ausländischer Schiedssprüche vom 24. 9. 1923/26. 9. 1927 beschränken die Anwendung auf Fälle, in denen die beiden Parteien des Schiedsvertrags der

1. Abweichung in Verträgen und Vorbehalten

Gegenseitigkeitswirkung vorausgesetzte Rechtsverhältnis vom Anwendungsbereich hinsichtlich der Vertragspartner trennt, also zwar für die Anwendung die Vertragspartnerschaft von B, C und D fordert, für die Rückwirkung des Vorbehalts sich aber nur auf einen dieser Staaten oder auf einen dritten Staat bezieht[385]. Die letzte Lösung ist schwierig, weil wie gezeigt sich a priori-Anknüpfungen kaum finden lassen.

Noch komplizierter wird das Problem der Gegenseitigkeitswirkung des Vorbehalts, wenn dieser sich auf die Zuordnungskriterien selbst bezieht. Im obigen Fall stand auf Grund des Vertrages fest, im Verhältnis zu welchen Staaten im konkreten Fall Rechtsverhältnisse entstehen. Jetzt aber weichen Vertrag und Vorbehalt hinsichtlich der relevanten Vertragspartner voneinander ab. So fragt sich denn, ob nunmehr der Vertrag, der Vorbehalt oder beide nebeneinander zu beachten sind.

Solche Situationen lassen sich unendlich variieren: Der Vertrag verweist im konkreten Fall auf den Staat B, der Vorbehalt des Staates B auf den Staat C oder auf die Staaten B und/oder C, der Vorbehalt auf die Staaten B oder/und C, auf den Staat B, auf den Staat C, auf den Staat D, auf die Staaten B, C und D usw. Noch komplizierter wird die Rechtslage, wenn ein solcher Vorbehalt nicht nur von einem Staat abgegeben wird und die Vorbehalte vom Vertrag und untereinander abweichen, wenn also etwa der Vertrag auf die Staaten B, C und D verweist, der Vorbehalt von B auf die Staaten C und E, der Vorbehalt von C auf die Staaten D und E, der Vorbehalt von D auf die Staaten B und E usw. Logisch gesehen wird hier das Problem der voneinander abweichenden Vorbehalte bei Mehrfachanknüpfung mit dem Problem der abweichenden Zuordnung in Vertrag und Vorbehalt verknüpft.

In all diesen Fällen wird man nur ganz punktuell zu einer Lösung gelangen können: dann nämlich, wenn entweder die abstrakt voneinander abweichenden Zuordnungskriterien im konkreten Fall auf dieselben Vertragsstaaten verweisen oder wenn im konkreten Fall alle Staaten, auf welche der Vertrag und die Vorbehalte verweisen, Vertragspartner sind. Es ist aber nicht ganz sicher, ob man all diese Fälle erst auf der konkreten Ebene lösen darf, ob man sie nicht vielmehr vom Prinzip

---

Gerichtsbarkeit von Vertragsstaaten unterstehen und der Schiedsspruch in einem Vertragsstaat ergangen ist. Liegen Anknüpfungen zu drei verschiedenen Vertragsstaaten vor und hat nur einer dieser Vertragsstaaten einen Vorbehalt abgegeben, entsteht das obige Problem. Unterstehen beide Parteien der schweizerischen Gerichtsbarkeit, ist das Urteil in Dänemark ergangen und hat nur Dänemark einen Vorbehalt gemacht, entsteht das Problem im konkreten Fall nicht. Deshalb brauchte das BG in seiner Entscheidung vom 7.11.1946 Matt gegen Dopco AG (BGE 72 I 267) auf diese Frage nicht einzugehen.

[385] Immer nur auf den Staat, dessen Angehörige sich auf den Vertrag berufen, will *Dehaussy* (Clunet 85, 1960, 714) für die Vorbehaltswirkung abstellen.

her, d. h. auf einer abstrakten Ebene einer Lösung zuführen muß. Man wird dann also auch hier entweder das Recht zu Vorbehalten oder die Gegenseitigkeitswirkung des Vorbehalts ausschließen müssen.

2. Abweichung der Zuordnungskriterien in miteinander konkurrierenden Verträgen

Wir haben im ersten Teil dieser Abhandlung gezeigt, daß die bi- und multilateralen Abkommen in den einzelnen Materien häufig stark voneinander abweichende Zuordnungskriterien verwenden. Hieraus entstehen bestimmte Schwierigkeiten:

a) Einzelne internationale Verträge bestimmen, daß sie nur im Verhältnis der Vertragspartner zueinander in Kraft treten, die ein Zusatzabkommen abgeschlossen haben[386]. Eine solche Bilateralisierung wirft Probleme schon dann auf, wenn das Abkommen mehrfache Zuordnungskriterien aufstellt und die bilateralen Verträge diese Zuordnungskriterien nicht ändern. Verweist der multilaterale Vertrag auf die Staaten B und C, müssen dann bilaterale Abkommen nur zwischen dem Anwendungsstaat A und den Staaten B und C oder auch zwischen den Staaten B und C bestehen? Wie ist die Rechtslage zu beurteilen, wenn diese bilateralen Verträge voneinander abweichen? Was gilt schließlich, wenn die bilateralen Verträge und das Abkommen jeweils unterschiedliche Zuordnungen fixieren? Auch diese Probleme sind theoretisch und praktisch nicht mehr zu lösen, so daß man das multilaterale Abkommen wohl dahin auslegen muß, daß es inhaltsgleiche bilaterale Abkommen fordert und Änderungen der Zuordnungskriterien ausschließt.

b) Während die eben untersuchte Form der Bilateralisierung relativ selten ist und die aufgezeigten Abweichungen wohl noch seltener vorkommen, ist eine andere Art der Bilateralisierung recht häufig: Ohne daß das multilaterale Abkommen dies ausdrücklich vorsieht oder gar seine Anwendbarkeit vom Abschluß bilateraler Verträge abhängig macht, schließen zwei Vertragspartner dieses Abkommen ergänzende bilaterale Verträge ab. Dabei tritt die aufgezeigte Problematik zumindest in Einzelfällen auch in der Praxis auf:

In Art. 9 des deutsch-schweizerischen Abkommens über die gegenseitige Anerkennung und Vollstreckung von gerichtlichen Entscheidungen und Schiedssprüchen vom 2. November 1929[387] heißt es:

Hinsichtlich der Anerkennung und Vollstreckung von Schiedssprüchen gilt im Verhältnis zwischen den beiden Staaten das in Genf

---

[386] Ein Beispiel findet sich etwa im Vollstreckungsabkommen (Conf. de la Haye, Actes et Doc. de la session extraordinaire 1963, 145 ff.).
[387] Zeitschr. f. int. Recht 47, 1933, 260.

2. Abweichung in miteinander konkurrierenden Verträgen 101

zur Zeichnung aufliegende Abkommen zur Vollstreckung ausländischer Schiedssprüche vom 26. 9. 1927 mit der Maßgabe, daß es ohne Rücksicht auf die in Art. 1 Abs. 1 daselbst enthaltenen Beschränkungen auf alle in einem der beiden Staaten ergangenen Schiedssprüche Anwendung findet.

Nach dem Abkommen von 1927[388] ist dagegen erforderlich, daß der Schiedsspruch im Gebiet eines der Vertragspartner zwischen Parteien ergangen ist, die der Gerichtsbarkeit eines der Hohen Vertragsschließenden Teile unterstehen. Hier weichen die Zuordnungskriterien des Abkommens und des bilateralen Vertrages also voneinander ab. Keine Schwierigkeiten entstünden nur, wenn beide Staaten nicht auch Vertragspartner des multilateralen Abkommens wären, oder wenn alle Zuordnungskriterien des Abkommens und des bilateralen Vertrages im konkreten Fall nur auf Deutschland und die Schweiz verweisen. Soll aber ein in der Schweiz zwischen einem Briten und einem Franzosen erlassener Schiedsspruch in Deutschland vollstreckt werden, entstehen Schwierigkeiten. Die deutschen Gerichte könnten das multilaterale Abkommen nicht anwenden, weil Großbritannien und Frankreich nicht Vertragspartner sind. Das bilaterale Abkommen könnten sie nur anwenden, wenn man davon ausgeht, daß das multilaterale Abkommen ganz bilateralisiert worden ist, also das bilaterale das multilaterale Abkommen ganz in sich aufnimmt.

c) Zahlreiche multilaterale Abkommen lassen frühere oder spätere Verträge zwischen einzelnen Vertragspartnern oder zwischen Vertragspartnern und anderen Staaten ihren Regeln vorgehen. So bestimmt etwa Art. 15 Abs. 1 der Convention sur les conflits de lois et de juridiction en matière de succession et de testaments[389]:

> Chacun des Etats contractants conserve la faculté d'avoir avec un Etat contractant ou non contractant une convention spéciale relative aux successions de ses habitants.

Nach Art. 14 ist der Vertrag anwendbar, wenn der Verstorbene bei seinem Tode entweder die Staatsangehörigkeit eines Vertragsstaates besaß oder staatenlos war und in einem Vertragsstaat seinen gewöhnlichen Aufenthalt hatte. Da hier nur ein Anknüpfungspunkt festgelegt wird, macht die Bilateralisierung grundsätzlich keine Schwierigkeiten. Allerdings wird bei solchen bilateralen Verträgen möglicherweise auf den gewöhnlichen Aufenthalt und nicht auf die Staatsangehörigkeit des Verstorbenen abgestellt, um den Anwendungsbereich zu umreißen. Dann besteht das bilaterale Verhältnis des Art. 15 aus der Sicht des

---

[388] RGBl. 1930 II 1068.
[389] Conf. de la Haye, Actes de la 7e session 1951, p. 64.

IV. Abweichung der Zuordnungskriterien in verschiedenen Rechtsakten

Abkommens und aus der Sicht des bilateralen Vertrages zumindest dann zwischen verschiedenen Vertragspartnern, wenn im konkreten Fall der Verstorbene sich in einem anderen Land als seinem Heimatstaat aufgehalten hat. Da Art. 15 implizit für das Rechtsverhältnis wohl auf Art. 14 verweist, läßt das Abkommen eine solche Bilateralisierung kaum vorgehen. Etwas anderes gilt wohl nur für einen bilateralen Vertrag mit einem Nichtvertragsstaat unter der Voraussetzung, daß es sich nicht um Staatsangehörige eines Vertragsstaates handelt.

d) Noch häufiger ändern multilaterale Verträge vorhergehende multilaterale Übereinkommen „im Verhältnis zwischen den Vertragspartnern" am neuen Vertrag ab und ändern dabei nicht nur die materiellen Regeln, sondern auch die Zuordnungskriterien des Anwendungsbereichs.

Die Genfer Abkommen über die Schiedssprüche von 1923 und 1927 fanden nur auf Schiedssprüche Anwendung, die in einem Vertragsstaat zwischen Parteien ergangen sind, die der Gerichtsbarkeit der Vertragsstaaten unterstehen. Art. 1 der Convention de New York du 10 juin 1958 pour la reconnaissance et l'exécution des sentences arbitrales étrangères[390] verzichtet auf die Gegenseitigkeit, gestattet aber im Art. 1 Abs. 3 den Staaten zu erklären, daß das Abkommen nur auf Schiedsurteile anwendbar sind, die in einem Vertragsstaat ergangen sind. Art. 7 lautet:

> Le Protocole de Genève de 1923 relatif aux clauses d'arbitrage et la Convention de Genève de 1927 pour l'exécution des sentences arbitrales cesseront de produire leurs effets entre les Etats contractants.

Art. 7 beruht auf dem richtigen Gedanken, daß selbst wenn Verträge auf die Gegenseitigkeit verzichten, eine Vertragsänderung nur zwischen den Partnern des neuen Vertrages Wirkung erlangen kann. Ob ein Sachverhalt dem einen oder dem anderen Vertrag, d. h. aber den Rechtsbeziehungen zwischen den alten oder zwischen neuen Vertragspartnern zugeordnet werden muß, kann sich nur aus den Zuordnungskriterien bestimmen[390a]. Art. 1 Abs. 1 des New Yorker Vertrages verzichtet mit der Gegenseitigkeit auf die Festlegung solcher Zuordnungskriterien. Da bei Schiedsabkommen unterschiedliche Zuordnungskriterien eingreifen können[391], können diese Zuordnungskriterien auch nicht aus der Natur

---

[390] Clunet 87, 1960, 1002.

[390a] Der BGH hat in seiner Entscheidung vom 19. 5. 1972 (GRUR Int. 1973, 49) den Vertragspartner, der neben dem Anwendungsstaat eine revidierte Fassung des alten Übereinkommens ratifiziert haben muß, damit die revidierte und nicht die alte Fassung anwendbar wird, nach den Zuordnungskriterien des alten Vertrages bestimmt.

[391] s. o. I 7 b.

2. Abweichung in miteinander konkurrierenden Verträgen 103

der Sache gewonnen werden. Anhaltspunkte bieten also nur die Vorbehaltsklausel des Art. 1 Abs. 3 des Vertrages von 1958 einerseits und die Genfer Verträge von 1923 und 1927 andererseits. Die in diesen Verträgen enthaltenen Zuordnungskriterien stimmen miteinander aber nicht überein. Diese Lage findet sich in zahlreichen Fällen, in denen zwei multilaterale Abkommen unterschiedliche Zuordnungskriterien festlegen. Das Problem ist nur lösbar, wenn man dem einen oder anderen Text den Vorrang einräumt. Die bisherigen Konkurrenzregeln scheinen eine solche Lösung aber nicht zu gestatten.

Das Haager Übereinkommen über den Zivilprozeß vom 1. März 1954[392] tritt nach seinem Art. 29 „im Verhältnis zwischen den Staaten, die es ratifiziert haben, an die Stelle des am 17. 7. 1905 in den Haag unterzeichneten Übereinkommens über den Zivilprozeß". Da in beiden Abkommen hinsichtlich der einzelnen Rechte und Pflichten dieselben Zuordnungskriterien verwendet werden, entstehen Probleme hier nicht.

Die Convention concernant la compétence des autorités et la loi applicable en matière de protection des mineurs vom 26. Oktober 1960[393] stellt in Art. 13 Abs. 1 auf den gewöhnlichen Aufenthalt der Minderjährigen ab, behält aber in Abs. 2 die Kompetenz aus dem Vertrag den Vertragsstaaten vor. Im Art. 18 heißt es:

> Dans les rapports entre les Etats contractants la présente Convention remplace la Convention pour régler la tutelle des mineurs signée à la Haye le 12 juin 1902.

Das Abkommen von 1902 stellte aber neben dem gewöhnlichen Aufenthalt in einem Vertragsstaat auf die Staatsangehörigkeit eines Vertragsstaates ab. Hier findet sich also ein deutlicher Konflikt zwischen den Zuordnungskriterien der beiden Verträge. Auch dieser Konflikt scheint sich nach den bisherigen Regeln der Vertragskonkurrenz kaum lösen zu lassen[394].

3. Abweichung der Zuordnungskriterien in Verträgen und in nationalen Gesetzen

Hinzuweisen ist schließlich darauf, daß unter Umständen auch Konflikte zwischen den Zuordnungskriterien eines nationalen Gegenseitigkeitsgesetzes und eines multilateralen Vertrages entstehen können. In

---

[392] BGBl. 1958 II 577.
[393] Conf. de la Haye, Actes et Doc. de la 9e session, t. IV, p. 13.
[394] Für die verschiedenen Fassungen der Pariser Verbandsübereinkunft und des Berner Übereinkommens vgl. BPatG 4. 8. 1966, BPatG 8, 226 = IPR-Rspr. 1966/7, Nr. 183, S. 602 einerseits, OLG Koblenz 14. 7. 1967, GRUR Int. 1968, 164 = IPR-Rspr. 1966/7, Nr. 182 S. 598 andererseits.

der Regel geht aber der Vertrag dem nationalen Gesetz vor, so daß solche Konflikte selten sein dürften[395].

4. Abweichung der Zuordnungskriterien in Meistbegünstigungsklauseln und in Verträgen mit Drittstaaten

Meistbegünstigungsklauseln enthalten die Verpflichtung, dem Vertragspartner dieselbe Begünstigung zukommen zu lassen, die Drittstaaten gewährt wird. Eine solche Meistbegünstigungsklausel ist nur vollziehbar, wenn die Begünstigung durch bestimmte Zuordnungskriterien näher bestimmt wird. Die Klausel muß also dahin konkretisiert werden, daß sie etwa den Staasangehörigen, den Urteilen, den Waren des Vertragspartners dieselbe Behandlung gewährt wie den Staatsangehörigen, den Urteilen, den Waren von Drittstaaten. Fraglich ist nun, ob es erforderlich ist, daß der Vertrag mit dem Drittstaat *dieselben Zuordnungskriterien* aufweist wie die Meistbegünstigungsklausel, oder ab es ausreicht, daß dieses Abkommen den Staatsangehörigen, den Urteilen, den Waren des Vertragspartners der Meistbegünstigungsklausel *faktisch* zugute kommen würde. Wenn etwa die Meistbegünstigungsklausel auf die Ware mit Ursprung aus dem Gebiet des Vertragspartners abstellt, der Vertrag mit dem Drittstaat aber auf die Einfuhr aus dem Gebiet des Vertragslandes, fallen die Zuordnungskriterien der beiden Klauseln formell auseinander. Dieses Problem kann hier nur angedeutet werden, weil eine Lösung die Untersuchung zahlreicher Verträge und Entscheidungen voraussetzen würde.

---

[395] Für einen solchen Konflikt vgl. A. *Le Tarnec*, La loi du 8 juillet 1964 sur l'application du principe de réciprocité en matière de protection du droit d'auteur, Clunet 92, 1965, 883.

Printed by Libri Plureos GmbH
in Hamburg, Germany